Doris Kirch
Der Stress-Coach
Die 54 wichtigsten Fragen an den Stress-Coach

———————————————

———————————————

Reihe
Soft Skills kompakt
Herausgegeben von Stéphane Etrillard
Band 10

Band 1 – Stéphane Etrillard: *Erfolgreiche Rhetorik für gute Gespräche*
Band 2 – Sabine Mühlisch: *Fragen der KörperSprache*
Band 3 – Reinhold Vogt: *Gedächtnis-Training in Frage & Antwort*
Band 4 – René Borbonus: *Die Kunst der Präsentation*
Band 5 – Ute Simon-Adorf: *Was Sie schon immer über Coaching wissen wollten ...*
Band 6 – Arno Fischbacher: *Geheimer Verführer Stimme*
Band 7 – Ute Simon-Adorf: *Mentaltraining in Frage & Antwort*
Band 8 – Stephan Ulrich: *Menschen grafisch visualisieren*
Band 9 – Jürgen W. Goldfuß: *Wer sich nicht führt, der wird verführt*
Band 10 – Doris Kirch: *Der Stress-Coach*

Ausführliche Informationen zu jedem unserer lieferbaren und geplanten Bücher finden Sie im Internet unter www.junfermann.de. Dort können Sie auch unseren kostenlosen Mail-**Newsletter** abonnieren und sicherstellen, dass Sie alles Wissenswerte über das **JUNFERMANN**-Programm regelmäßig und aktuell erfahren.

Besuchen Sie auch unsere e-Publishing-Plattform www.active-books.de!

Doris Kirch

Der Stress-Coach

Die 54 wichtigsten Fragen an den Stress-Coach

Junfermann Verlag • Paderborn
2010

Copyright © Junfermannsche Verlagsbuchhandlung, Paderborn 2010
Covergestaltung/Reihenentwurf: Christian Tschepp
Frontcoverfoto: © Yuri Arcurs /FOTOLIA

Satz: JUNFERMANN Druck & Service, Paderborn

Bibliografische Information der Deutschen Bibliothek

Die Deutsche Bibliothek verzeichnet diese Publikation in der Deutschen Nationalbibliografie; detaillierte bibliografische Daten sind im Internet über http://dnb.ddb.de abrufbar.

ISBN 978-3-87387-742-9

Inhalt

Der Stress mit dem Stress –
Eine Einführung in das Thema und in dieses Buch   9

Stress verstehen
Wissen ist Macht – auch in Sachen Stress   13

  1. Was ist Stress?   13
  2. Sind Stressoren schuld an meinem Stress?   13
  3. Angeblich sollen wir uns den meisten Stress selbst machen.
     Ist diese Aussage nicht etwas provokant?   14
  4. Ohne Stress fehlt doch der Pepp im Leben.
     Ist Stress nicht auch etwas Positives?   15

Stress bewältigen
Lebensqualität und Gesundheit trotz hoher Beanspruchung   17

  5. Reicht es aus, mit Stressbewältigung zu beginnen,
     wenn ich einen Burnout habe?   17
  6. Gibt es einfache und schnelle Lösungen
     zur Bewältigung meines Stresses?   17
  7. Was ist das Wesentlichste bei der Stressbewältigung?   18
  8. Ich entspanne mich abends mit einem Glas Rotwein
     vor dem Fernseher. Reicht das nicht aus?   19
  9. Bewegung soll Stress reduzieren?   20
10. Reicht das Erlernen einer Entspannungsmethode aus,
     um den Stress im Leben wirkungsvoll zu reduzieren?   20
11. Wird Stressbewältigung von den Krankenkassen bezahlt?   22
12. Kann ich alle Stressoren aus meinem Leben entfernen?   22
13. Welche Rolle spielen unsere Gedanken im Zusammenhang mit Stress? . . .   23
14. Mein Hauptstressor sind andere Menschen. Am liebsten würde ich
     sie aus meinem Leben verbannen. Wie gehe ich am besten damit um?   24

15. Ich stehe dem Stress in meinem Leben hilflos gegenüber.
    Kann ich etwas dagegen unternehmen? 25
16. Gibt es Tipps zur sofortigen Beruhigung, wenn ich das Gefühl habe,
    dass die Wogen des Stresses über mir zusammenschlagen? 25
17. Gibt es Medikamente gegen Stress? 26
18. Ist es wahr, dass gesunde Ernährung den Stresspegel senkt? 27
19. Wie kann ich verhindern, immer wieder in den Alltagstrott zurückzufallen,
    wenn ich meine Stressbewältigungsmethoden praktiziere? 27
20. Worauf sollte ich bei meiner Suche nach Stressbewältigungsmaßnahmen,
    -methoden und -strategien achten? 28
21. Was kann ich gegen Stress beim Autofahren tun? 29
22. Wie lange sollte ich Stressbewältigung praktizieren? 29
23. Was geschieht, wenn ich nichts gegen meinen Stress unternehme? 30
24. Gibt es einen Unterschied zwischen Entspannungsmethoden
    und Meditation? 31
25. Was ist Meditation? 31
26. Macht Meditation aus mir einen anderen Menschen? 34
27. Muss ich Buddhist werden, um Meditieren zu lernen? 35
28. Müssen Entspannungsübungen und Meditation
    immer in Stille praktiziert werden? 35
29. Welche Entspannungsmethode ist die richtige für mich? 36

Stress am Arbeitsplatz
Wenn der Chef und die Kollegen nerven
. . . . 41

30. Warum fühle ich mich am Arbeitsplatz immer besonders gestresst? 41
31. Lässt sich Stress am Arbeitsplatz vermeiden? 42
32. Kann ich etwas gegen den Stress an meinem Arbeitsplatz tun? 44
33. Gibt es Übungen, die ich auf der Arbeit machen kann,
    wenn ich in Stress gerate? 45

Stress und Angst
Stress reduzieren heißt Ängste reduzieren
. . . . 47

34. Stehen Angst und Stress in Verbindung? 47
35. Mindert es meine Ängste, wenn ich lerne, meinen Stress zu bewältigen? . . 48
36. Gibt es eine spezielle Methode,
    die besonders effektiv Stress und Angst senken kann? 49
37. Verliere ich die Kontrolle, wenn ich mich entspanne? 49
38. Sollte ein Arzt Stressbewältigungsmaßnahmen begleiten,
    wenn ich unter Angststörungen leide? 50

Kinder im Stress
Kinder im Spannungsfeld von Schul- und Medienstress 53

39. Es wird doch immer von der unbeschwerten Kindheit geredet.
Haben Kinder wirklich Stress?. 53
40. Was stresst mein Kind? 54
41. Wirkt sich Stress auf die Lernfähigkeit von Kindern aus?. 55
42. Woran merke ich, dass mein Kind Stress hat? 55
43. Wie kann ich mein Kind darin unterstützen,
mehr zur Ruhe zu kommen? 56
44. Gibt es spezielle Stressbewältigungsmaßnahmen oder
Entspannungsmethoden für Kinder? 58
45. Ist es sinnvoll, einem gestressten Kind Medikamente
verschreiben zu lassen?. 59
46. Fördern Internet und Fernsehen den Stress von Kindern? 59
47. Kann ich über die Ernährung Einfluss auf den Stress
meines Kindes nehmen? 62

Familie und Stress
Wenn am heimischen Herd die Fetzen fliegen 65

48. Wie bringe ich meinen Mann dazu,
etwas gegen seinen Stress zu unternehmen? 65
49. Häufige Streitigkeiten mit meinen pubertierenden Kindern führen
zu Stress. Wie kann ich diesen Stress verhindern? 66
50. Ich fühle mich gestresst durch die Anforderungen meiner Familie.
Kann man das mit Meditation beseitigen?. 70

Der Stress-Coach
Ein Scout im Stress-Dschungel 71

51. Kommt es nicht einem „inneren Offenbarungseid" gleich,
wenn ich mir einen Stress-Coach suche? 71
52. Woran erkenne ich einen guten Stress-Coach?. 71
53. Bezahlt die Krankenkasse ein Stress-Coaching? 75
54. Was geschieht bei einem Stress-Coaching?. 75

Literatur- und CD-Empfehlungen 76

Über die Autorin 77

Der Stress mit dem Stress –
Eine Einführung in das Thema und in dieses Buch

Der Stress mit dem Stress

Eine Einführung in das Thema und in dieses Buch

Dieses Buch ist in gewisser Weise ein Scout, der Sie durch den Dschungel des umfassenden Themas Stress führt. Es ist ein Ratgeber, der Wissen bündelt, es auf den Punkt bringt und kompakt wiedergibt. Auf das Thema Stress und Stressbewältigung bezogen, gibt Ihnen dieses Buch Überblick, Basiswissen, Orientierung und zahlreiche konkrete Hilfestellungen für den Berufs- und Familienalltag. So sind Sie nach dem Lesen gut für einen Weg zu einem ausgewogenen Leben im Spannungsfeld zwischen Herausforderungen und Entspannung vorbereitet, der Ihre körperliche und geistige Gesundheit auf Dauer erhalten wird.

Stress verstehen

Wissen ist Macht – auch in Sachen Stress

„Welche Methode oder Strategie ist die richtige für mich?" Diese und ähnliche Fragen haben durchaus ihre Berechtigung, denn jeder Mensch ist ein eigenes kleines Universum mit einem bestimmten Temperament, individuellen Vorlieben und Abneigungen und mit seiner ganz speziellen Lebenssituation. In Beratungssituationen werde ich das oft gefragt, und damit Sie nicht Ihre Zeit und Ihr Geld verschwenden, werde ich Ihnen verraten, wie Sie das Passende für sich herausfinden.

Stress am Arbeitsplatz

Wenn der Chef und die Kollegen nerven

Er kann ein wahres Schlachtfeld sein: der Arbeitsplatz. Erfahren Sie in diesem Kapitel, warum das tatsächlich häufig so ist. Da Sie unliebsame Kollegen nicht auf den Mond schießen können, müssen Sie wohl oder übel lernen, mit ihnen umzugehen. Dieser Ratgeber versorgt Sie mit einigen hilfreichen Strategien. Auch wenn als Resultat bei deren Umsetzung kein allgemeines Gruppenkuscheln herauskommt – erträglicher und spannungsfreier macht es Ihren Arbeitsalltag auf jeden Fall.

Stress und Angst

Stress reduzieren heißt Ängste reduzieren

Angst ist ein enger Vertrauter von Stress. Beides hängt zusammen. Ist es die Angst, die den Stress auslöst, oder zieht der Stress die Ängste nach sich? Das ist wie die berühmte Frage nach dem Huhn und dem Ei, die meines Wissens noch niemand eindeutig beantworten konnte ... Wichtig ist, sich unter Stress auch der vorhandenen Ängste bewusst zu sein, denn dieses Bewusstsein ist nötig, um ihnen entgegenzuwirken. Wenn man sich mit dem Thema Angst beschäftigt, lernt man fast nebenbei sehr viel über Stress und dessen Mechanismen. Deshalb widme ich mich in diesem Buch den Kernfragen, die immer wieder im Zusammenhang mit Stress und Angst auftauchen. Sie werden erstaunt feststellen, dass bereits die Erkenntnisse, die Sie daraus gewinnen, Ihren Stresspegel um einige Punkte senken können.

Kinder im Stress

Kinder im Spannungsfeld von Schul- und Medienstress

Stress ist keine Frage von Alter. Im Gegenteil: Medizinische Statistiken zur Stressbelastung von Kindern zeigen, dass die Belasteten immer jünger werden. Diese Tatsache versetzt viele Mütter berechtigterweise in Sorge. Oft fühlen sie sich ohnmächtig und hilflos angesichts der „Segnungen" unserer modernen technisierten Welt, denen ihre Kinder schutzlos ausgesetzt sind. Gibt es Wege, damit umzugehen? Kann man die eigenen Kinder vor einem Übermaß an Medienstress schützen? Dieser Ratgeber rüstet Sie mit dem nötigen Grundwissen für einen Weg aus, der die Neugier und den Expansionsdrang der Youngsters mit dem natürlichen Bedürfnis des Körpers nach zeitweiliger geistiger Entspannung ins Gleichgewicht bringt.

Familie und Stress

Wenn am heimischen Herd die Fetzen fliegen

„Wie bringe ich meinen Mann dazu, eine Entspannungsmethode zu erlernen?", ist eine oft an mich gestellte Frage in Beratungssituationen. Sie resultiert aus der Besorgnis vieler Frauen um die körperliche und geistige Gesundheit des Mannes an ihrer Seite. Ich kann das Anliegen der Besorgten sehr gut verstehen, dennoch sträuben sich bei mir parallel zu dieser Frage die Nackenhaare. Warum das so ist, erkläre ich Ihnen beim Thema Familienstress. Dort gehe ich darauf ein, was Sie tun können, um Partner und übrige Familienmitglieder am besten zu unterstützen, und was Sie lieber lassen sollten.

Der Stress-Coach

Ein Scout im Stress-Dschungel

Ich möchte die Pointe zwar nicht vorwegnehmen, aber Sie werden später noch sehen, dass eine effektive Stressbewältigung eines gewissen Aufwands bedarf. Damit Ihnen in diesem Prozess unterwegs nicht auf halbem Weg die Puste ausgeht, könnte es hilfreich sein, sich für einige Zeit einen Stress-Coach zuzulegen. Solch ein Begleiter kann Sie sicher durch den Dschungel des Stresses navigieren. Die Beantwortung der damit zusammenhängenden Fragen gibt Ihnen einen tieferen Einblick in das Wirken und den Wert eines Stress-Coaches.

Stress verstehen
Wissen ist Macht – auch in Sachen Stress

1. Was ist Stress?

Der Hamster im Rad hat viel zu tun, aber er hat keinen Stress. Das Gleiche gilt auch für die menschliche Spezies. Bestimmt fällt Ihnen das eine oder andere Beispiel für eine Situation aus Ihrem Leben ein, in der Sie viel um die Ohren hatten, aber sich dennoch nicht gestresst fühlten. Der Unterschied besteht in dem Gefühl der Einflussnahme auf das, was mit uns geschieht. Präzise ausgedrückt ist Stress das Gefühl, das in uns aufsteigt, wenn wir uns einer Situation ausgeliefert fühlen, von der wir glauben, sie nicht beeinflussen zu können. Diese Definition drückt aus, dass wir es bei Stress mit einem subjektiven Phänomen, mit Gefühlen und inneren Glaubenssätzen zu tun haben.

Es war der Mediziner und Stressforscher Hans Selye (1907-1982), der stolz bekundete, unserer Sprache das Wort Stress „geschenkt" zu haben. Ursprünglich stammt das englische Wort aus der Werkstoffkunde und wird im Zusammenhang mit Materialtestungen benutzt, bei denen es darum geht, wie lange ein Werkstoff einer von außen einwirkenden Belastung standhalten kann.

2. Sind Stressoren schuld an meinem Stress?

Das werde ich oft von Klienten gefragt. Um diese Frage zu beantworten, sollten wir uns zunächst mit der Frage beschäftigen, was Stressoren eigentlich sind. In der Stressforschung bezeichnet man Auslöser für Stress als *Stressoren*. Inzwischen gibt es verschiedene Stress-Theorien, die Stressoren in unterschiedliche Kategorien einteilen – ich komme gleich noch einmal darauf zurück.

Diese Frage löst gleichzeitig Bauchschmerzen bei mir aus, weil dabei stets eine *Schuldfrage* mitschwingt, die Verantwortung nach außen verlagern möchte. Aber erstens hat Stressempfinden nichts mit *Schuld* zu tun und zweitens ist es aus psychologischer Sicht nicht förderlich für uns, wenn wir Dinge, die uns selbst betreffen, auf andere Situationen oder Personen projizieren, also „auslagern". Wenn ich jetzt also gleich detaillierter auf die Stressoren eingehe, dann behalten Sie dabei im Hinterkopf, dass diese Ausführungen nur der Übersicht dessen dienen, was so alles auf uns einwirkt.

Vereinfacht ausgedrückt, unterscheidet man zunächst einmal *subjektive* und *objektive* Stressoren. Die subjektiven sind hausgemacht – wir können sie verändern, indem wir an unseren inneren Einstellungen, Glaubensmustern und Gewohnheiten arbeiten. Auf die objektiven hingegen können wir nur geringen bis gar keinen Einfluss nehmen. Stressoren sind nicht immer einfach einzuordnen – manchmal haben wir es statt mit einem Entweder-oder mit einem Sowohl-als-auch zu tun.

Subjektive Stressoren sind:
Negative Denkmuster, die Neigung zu Ungeduld, Ärger, Wut, Angst, Feindseligkeit, Dominanzstreben oder Konkurrenzdenken, falsche Situationsbewertungen, Schwarzsehen, Hineinsteigern, selbst gemachter Zeit- und Leistungsdruck, zu hohe Erwartungen, Enttäuschungen, eingebildete Bedrohung oder Hilflosigkeit, Schuldgefühle, übertriebenes Verantwortungsbewusstsein etc.

Objektive Stressoren sind:
Schlafentzug, Verletzungen, Krankheit, schwere Operationen, Verbrennungen, Unterkühlung, Hitze, Kälte, Luftdruckveränderungen, Hunger, Durst, Lärm, intensives Licht, Isolation, Dichte (wie Bevölkerungsdichte), monotone Arbeit, Unterforderung und Überforderung, schlechte Lebens- und Arbeitsbedingungen, Nichterfüllung wesentlicher Bedürfnisse, Armut, Verlust nahestehender Menschen etc.

3. Angeblich sollen wir uns den meisten Stress selbst machen. Ist diese Aussage nicht etwas provokant?

Sie ist durchaus provokant ... und ebenso wahr, auch wenn das nicht jeder gerne hört. Ob diese Aussage den Tatsachen entspricht, können Sie einfach selbst feststellen: Setzen Sie sich in einer ruhigen Minute hin und überlegen Sie, wer und was Sie stresst. Tragen Sie Ihre Stressoren in die unten stehende Tabelle ein. Dann nehmen Sie eine Unterteilung vor.

A = Hier machen Sie ein Kreuzchen, wenn Sie glauben, dass Sie den Stressor deutlich reduzieren oder eliminieren können.

B = Hier kreuzen Sie an, wenn Sie glauben, den Stressor zumindest ein wenig positiv beeinflussen zu können.

C = Machen Sie hier ein Kreuz, wenn Sie der festen Überzeugung sind, gegen diesen Stressor wirklich gar nichts unternehmen zu können, ihm quasi hilflos ausgeliefert zu sein.

Stressor	A	B	C
Beispielstressor		X	

Normalerweise müsste Ihnen das Ergebnis zeigen, dass Sie viel mehr, als Sie glauben, Einfluss auf das nehmen können, was Sie nervt. Bereits diese eine Erkenntnis wird den Stress in Ihrem Leben deutlich senken helfen.

Wenn bei Ihrem Resultat jedoch die C-Bewertungen überwiegen, könnte eine mögliche Ursache dafür in einem Gefühl verminderter *Selbstwirksamkeit* liegen. Selbstwirksamkeit beschreibt in der Psychologie die innere Überzeugung, aufgrund eigener Fähigkeiten auf bestimmte Situationen und Personen im Leben Einfluss nehmen und gewünschte Ziele erreichen zu können. In diesem Fall könnte eine Therapie hilfreich dabei sein, das Gefühl des selbstbewussten Wirkens in der Welt zu erhöhen.

4. Ohne Stress fehlt doch der Pepp im Leben. Ist Stress nicht auch etwas Positives?

Stress ist nie positiv! Vergessen Sie die Geschichte vom positiven „Eu-Stress" – die ist von der Wissenschaft längst überholt, hält sich aber aufgrund beharrlichen Voneinanderabschreibens in der Fachwelt wie ein eingetretener Kaugummi. In meiner Antwort auf die Frage, was Stress ist, habe ich bereits beschrieben, dass viel zu tun zu haben nicht gleichbedeutend mit Stress ist. Berufliche, sportliche oder andere persönliche Herausforderungen sind es, die Pepp ins Leben bringen, aber sie haben für sich genommen nichts mit Stress zu tun. Das Merkmal von Stress ist das Gefühl des Ausgeliefertseins, der Hilflosigkeit. So lange das fehlt, herrscht selbst bei großer Umtriebigkeit kein Stress.

Ein Beispiel dazu: Ein Manager liebt seinen Job und seine Kompetenzen ermöglichen ihm weite Handlungs- und Entscheidungsspielräume. Der Job erfordert einen hohen zeitlichen Einsatz, dennoch macht er ihm Freude. Dann wird eine Abteilung in der Firma aufgelöst und der Manager muss deren Führungsaufgaben mit übernehmen. Die objektiv zur Verfügung stehende Zeit reicht nicht aus, um alle anstehenden Aufgaben zu erledigen. Jetzt kommt er in Stress, weil er das Gefühl hat, den Arbeitsanfall nicht mehr bewältigen zu können. Obwohl er seinen Job liebt, hat er Stress, der erst dann wieder aufhört, wenn er seine Situation analysiert und Schritte gegen die Überlastung (zum Beispiel Aufgaben an Dritte delegieren) unternimmt.

Stress bewältigen
Lebensqualität und Gesundheit trotz hoher Beanspruchung

5. Reicht es aus, mit Stressbewältigung zu beginnen, wenn ich einen Burnout habe?

Einerseits würde ich sagen: „Besser spät als nie", andererseits weiß schon eine alte Zahnpastareklame: „Vorbeugen ist besser als bohren." Warten Sie nicht erst, bis das Kind in den Brunnen gefallen ist. Die beste Zeit, sich mit Stressbewältigung zu beschäftigen, ist die, in der Ihr Leben einem stillen, ruhigen Fluss gleicht. In solch einer Situation haben Sie nämlich die Zeit und die Kraft, um Veränderungen im Leben vorzunehmen und ein Entspannungsverfahren zu erlernen. Meistens kann man sich gerade in diesen Zeiten nicht vorstellen, dass im eigenen Leben einmal Chaos ausbrechen könnte. Aber die Erfahrung zeigt, dass niemand ohne dieses oder jenes blaue Auge durchs Leben kommt. Wenn die See hochgeht und das Boot sich bedenklich zu den Seiten neigt, ist es von Vorteil, wenn Sie gut vorbereitet sind. Wie ein erfahrener Seemann steuern Sie dann Ihr Lebensschiff umsichtig durch die Untiefen und um die Klippen herum in ruhigeres Fahrwasser.

6. Gibt es einfache und schnelle Lösungen zur Bewältigung meines Stresses?

Schön wär's. Machen Sie einen weiten Bogen um diejenigen, die Ihnen einfache und schnelle Lösungen versprechen. Seit über 20 Jahren suche ich nach dem Stein der Weisen, was diese Frage anbelangt. Das Fazit meiner Gralssuche ist: Es gibt ihn nicht. Was ich auf meiner Suche erkannt habe ist, dass die meisten Menschen überschätzen, was man *kurzfristig* erreichen kann, dass sie aber völlig unterschätzen, was man *langfristig* erreichen kann. Die Suche nach Lösungen, bei denen man baden kann, ohne sich nass zu machen, treibt viele Betroffene noch tiefer in die Stress-Spirale. Stressbewältigung bedeutet auch, einen Punkt zu setzen, Wahnsinn zu stoppen, eine Standortbestimmung vorzunehmen und ruhige, sinnvolle und nachhaltige Schritte auf dem Weg zu einem gelasseneren Lebensstil zu gehen. Das ist nicht immer leicht und schnell geht es leider auch nicht.

7. Was ist das Wesentlichste bei der Stressbewältigung?

Drei Punkte halte ich für besonders wichtig:

a) Der Zeitfaktor

Brechen Sie nichts übers Knie. Ich bin immer wieder erstaunt, wenn Menschen, die Jahre bis Jahrzehnte gebraucht haben, sich in die Nähe eines Burnout zu manövrieren, glauben, sie könnten diese Situation innerhalb weniger Tage möglichst ohne Aufwand verändern. Seien Sie geduldig mit sich selbst, wenn es darum geht, eingefahrene schädliche Angewohnheiten gegen hilfreiche auszutauschen. Stress im Leben dauerhaft zu senken braucht einfach eine gewisse Zeit. In Anbetracht des Zeitraums, den es gebraucht hat, ein Stressverhalten aufzubauen, ist es wiederum verblüffend, wie relativ kurz im Verhältnis dazu die Zeit ist, um zu einem gesunden Spannungsverhältnis zurückzufinden.

b) Das Selbstbewusstsein

Um im Leben des 21. Jahrhunderts im Stress zu versinken, bedarf es keiner besonderen Anstrengungen. Waren es früher besondere Lebenskrisen, die Menschen in die Schlaflosigkeit und in den Zusammenbruch trieben, reicht dafür heute bereits der „ganz normale" Alltag. Die komplexen Anforderungen unserer technisierten, globalisierten, sich turboschnell verändernden Welt sind von unserem Gehirn immer schwieriger zu bewerkstelligen. Wir haben uns längst selbst überholt und der allseits zu beobachtende Verfall von Werten, Normen und Orientierungen facht das Feuer des Selbstausbrennens noch an.

Wenn Sie also merken, dass Sie an Grenzen stoßen, sollten Sie nicht so sehr sich selbst, sondern vielmehr das Sie umgebende bzw. gar Sie beherrschende System in Frage stellen und sich mit Selbstbewusstsein um den Erhalt Ihrer physischen und psychischen Gesundheit kümmern.

c) Die Freude an der Selbstentdeckung

Manch einer spricht über einen Termin bei seinem Stress-Coach, als verkünde er, zu seiner eigenen Hinrichtung zu gehen. Weder ein Coaching noch eine Therapie sind ein Anlass für grummelige Gefühle im Bauch. Wenn Sie einen Coach oder einen Therapeuten haben, der kompetent ist und mit dem Sie sich gut verstehen, kann das Erkunden der eigenen Innenwelten ein spannendes und lohnendes Unterfangen sein. Niemand von uns ist Mrs. oder Mr. Universum. Wir haben nicht nur Vorzüge, sondern auch Schwachstellen. Zu ihnen zu stehen hat etwas mit innerer Größe zu tun, mit Charakterstärke. Schwächen vor anderen Menschen zu verleugnen bedeutet, sich unangemessen über sie zu erheben. Deshalb finde ich es wichtig, dass Sie herausfinden, wer Sie unter den Konditionierungen von Eltern, Gesellschaft, Kirche, Freunden und Kollegen wirklich sind – und dass Sie dazu stehen. Und denken Sie immer daran:

Jeder Ist-Zustand ist nur eine Momentaufnahme. Unser Gehirn ist neuroplastisch. Vereinfacht ausgedrückt heißt das, dass Sie über die Fähigkeit verfügen, sich jederzeit die Eigenschaften anzueignen, die Sie als hilfreich erachten.

8. Ich entspanne mich abends mit einem Glas Rotwein vor dem Fernseher. Reicht das nicht aus?

Kurzfristig betrachtet vielleicht – langfristig hundertprozentig nicht. Es gibt nämlich einen feinen, aber bedeutungsvollen Unterschied zwischen *kurzfristiger Entspannung* und *langfristiger Stressbewältigung*. Wie schon eingangs beschrieben, liegen unserem Stress Gefühle und Gedanken zugrunde, die von unseren bewussten und unbewussten Ansichten, Glaubensmustern und Wertvorstellungen gebildet werden. Diese wiederum formen unser Bild der Welt, unserer selbst und anderer Menschen. Das bedeutet, wenn wir unseren Stress senken wollen, müssen wir auch an diesen inneren Sichtweisen arbeiten, die sich oft schon jahrzehntelang manifestiert haben. Sie gehören zu uns und haben zu der Gewohnheit geführt, Dinge auf unsere besondere Art zu betrachten und mit ihnen umzugehen. Es liegt auf der Hand, dass Veränderungen solch eingefahrener Muster nicht einfach sind. Als hilfreich erweist es sich, neue Gewohnheiten aufzubauen. Ich nenne das gerne „ein Gegenfeuer gegen den Waldbrand Stress legen". Erst wenn diese Gewohnheiten lange genug eingeübt wurden, verändern sie unser Verhältnis zu uns und zur Welt und senken dadurch langfristig unseren Stress.

Das Glas Rotwein abends auf der Couch vor dem Fernseher hat diesen Effekt nicht. Alkohol hat eine temporär betäubende, erschlaffende Wirkung. Wer zuvor stark unter Druck stand, findet diesen Zustand verständlicherweise angenehm und zudem erleichtert es der Traubensaft am Abend, die Klippen möglicher Einschlafstörungen zu umschiffen. Die Freude über die scheinbaren Vorzüge des Alkohols erfährt jedoch ihr jähes Ende, wenn man erfährt, dass Alkoholkonsum den Stresspegel langfristig sogar noch mehr in die Höhe treibt. Unser Hauptentgiftungsorgan Leber ist dafür verantwortlich, und die Traditionelle Chinesische Medizin (TCM) erklärt sehr gut, warum sie uns bei dieser Strategie der „Rotwein-Meditation" so gründlich in die Suppe spuckt: Die Leber wird dort als druckausgleichende Körperfunktion verstanden. Wenn wir uns im Leben nicht frei entfalten können, uns unter Druck stehend (also gestresst) erleben, belastet das die Leber – sie *überhitzt* sozusagen. Alkohol erhitzt die Leber ebenfalls. Anders gesagt verdaut die Leber das, was wir innerlich und äußerlich aufnehmen: einerseits den psychischen Druck (Stress), den wir erleben, und andererseits den Alkohol, den wir dem Körper zuführen. Somit steht sie von zwei Seiten unter Beschuss und das macht deutlich, warum wir die Leber lieber *ent*lasten als zusätzlich belasten sollten. Gewöhnen Sie sich also an, einen entspannenden Kräutertee zu trinken, wenn Sie sich gestresst fühlen, und heben Sie sich den guten Tropfen für einen gemütlichen Abend mit Freunden auf.

9. Bewegung soll Stress reduzieren?

Wer regelmäßig Sport treibt, gehört ganz klar zu den entspannteren Zeitgenossen, denn Bewegung baut das Stresshormon Adrenalin ab. Soweit die gute Nachricht. Die schlechte ist, dass Fußballspielen, Aerobic & Co. keine nachhaltigen Stressbewältigungsmaßnahmen darstellen, weil sie die Ursachen von Stress nicht beeinflussen. Stressbewältigung muss verschiedene Faktoren und Aspekte des Lebens mit einbeziehen, wenn sie funktionieren soll. In der Beantwortung der folgenden Frage äußere ich mich ausführlicher zu diesem ganzheitlichen Ansatz.

10. Reicht das Erlernen einer Entspannungsmethode aus, um den Stress im Leben wirkungsvoll zu reduzieren?

Das Erlernen einer Entspannungsmethode sollte Bestandteil jeder Stressbewältigungsstrategie sein. Für sich genommen ist solch eine Maßnahme jedoch unzureichend. Man spricht in diesem Zusammenhang von einer „Insellösung", die nach Ansicht von Fachleuten und auch nach meiner eigenen Erfahrung nicht ausreicht.

Stress hat in hohem Maße damit zu tun, welches Bild wir von uns, von anderen Menschen und von der Welt haben. Er hängt auch damit zusammen, wie wir unsere Selbstwirksamkeit in diesem Leben einschätzen und damit, wie wir mit den Dingen umgehen. Als Menschen haben wir einen Körper, der es uns ermöglicht, zu denken, zu fühlen und zu handeln. Es liegt auf der Hand, dass der Zustand unseres Körpers Einfluss auf diese Fähigkeiten nimmt. Fühlen wir uns zum Beispiel wohl, sind wir selbst Herausforderungen gegenüber gelassener und haben ganz allgemein eine entspanntere innere Haltung, als wenn wir uns schlecht fühlen. Hinzu kommt, dass wir Menschen „Rudeltiere" sind, d.h. wir brauchen die Gemeinschaft von anderen fühlenden Wesen, um uns wohl- und geborgen fühlen zu können. Das bedeutet, für eine effektive und nachhaltige Stressbewältigung sollten wir uns um unseren Körper, unseren Geist, unsere Seele und unsere sozialen Bindungen gleichermaßen gut kümmern. Im Folgenden gehe ich detaillierter auf die einzelnen Aspekte ein.

Pflege des Körpers

Um unseren Körper zu pflegen, sollten wir darauf achten, dass wir ihm die Nahrung zuführen, die seine Gesundheit und Leistungsfähigkeit erhält. Wir sollten ihn ausreichend mit Wasser versorgen, ihm regelmäßige Pausen zur Regeneration gönnen und ihm das Maß an Bewegung zukommen lassen, das ihn fit hält.

Yoga zu praktizieren ist zum Beispiel eine Möglichkeit, mehrere Fliegen mit einer Klappe zu schlagen: Es hält nicht nur den Körper geschmeidig, es regt den Energiefluss an, verbessert die Versorgung der Organe und ist zusätzlich eine hervorragende geistige Zentrierungs- und Stilleübung.

Pflege des Geistes

Unsere kognitiven Fähigkeiten können wir verbessern, indem wir uns in eine Therapie begeben. Dafür eignen sich verschiedene Therapieformen, z.B. die Verhaltenstherapie. Als besonders hilfreich erweist sich hier die Achtsamkeitspraxis. Das ist keine Therapie, sondern eher „a kind of being", wie man im Englischsprachigen sagt – *eine Art zu sein.* Achtsamkeit ist eine besondere Form von Aufmerksamkeit, mit der wir die Dinge vorurteilsfrei betrachten. Wir lernen so, eine gewisse gesunde Distanz zu den Vorgängen in uns und um uns herum zu bewahren, anstatt uns in sie hineinziehen zu lassen. Das führt nämlich häufig dazu, dass wir uns in bestimmten Gedanken verlieren, die wiederum bestimmte Gefühle nach sich ziehen. Im Strudel der darauf automatisch folgenden Handlungen finden wir uns dann oft in Situationen wieder, die wir eigentlich gar nicht haben wollten. Achtsamkeit stoppt solche Prozesse und macht uns vom Sklaven unserer Gedanken, Gefühle und Handlungen zu deren Herrn.

Pflege des Spirits

Mit Spirit meine ich das, was gemeinhin als Seele bezeichnet wird. Jeder, der schon schwere Lebenskrisen erlebt hat, weiß, wie heilsam tiefe Meditation, Kontemplation und Gebete sind. Sie fördern die geistige Ruhe, die Rückbesinnung auf das, was wirklich wichtig ist, und die Religio (Rückverbindung) an Gott – oder, wenn Sie so wollen, an eine Kraft, eine universelle Ordnung, die größer ist als wir selbst.

Pflege der sozialen Kontakte

Ein weiterer wesentlicher Baustein einer umfassenden Stressbewältigungsstrategie besteht in der Pflege unserer zwischenmenschlichen Beziehungen. Sie sind bedeutungsvoller, als allgemein angenommen wird. In meinem Grundlagenwerk „Handbuch Stressbewältigung" habe ich mich eingehend damit beschäftigt, wie wichtig der Zusammenhalt von Familie, Freunden und Geschäftspartnern ist. Ein funktionierendes soziales Netzwerk kann sich in Krisenzeiten als Sicherheitsnetz erweisen, das verhindert, beim Straucheln hart aufzuschlagen.

Fazit: Der Mix machts! Wenn Sie sich diese Komplexität vor Augen halten, wird deutlich, dass unser ganzes Leben in die Stressbewältigung einbezogen werden sollte und dass eine Entspannungsmethode zu erlernen, für sich genommen, nicht zum gewünschten Erfolg führen kann. Im Gesamtkontext hingegen kann solch eine Technik jedoch sehr hilfreich sein.

11. Wird Stressbewältigung von den Krankenkassen bezahlt?

Grundsätzlich haben die Krankenkassen inzwischen den Wert von Vorsorge erkannt und ebenso den Wert von Entspannungsverfahren. Sie bezahlen oder bezuschussen derzeit die Methoden Autogenes Training, Progressive Muskelentspannung, Yoga und Qigong. Und hier und da bezahlen sie auch Kurse in Stressbewältigung. Die Kassen selbst wären sicherlich großzügiger, aber leider erweist sich der Gesetzgeber an dieser Stelle wieder einmal mehr als außerordentliche Spaßbremse, indem er in seiner Reglementierungswut den präventiven Möglichkeiten enge Grenzen setzt. Wenn Sie einen der genannten Entspannungskurse besuchen möchten, sollten Sie sich vorher erkundigen, ob der Kursleiter eine Kassenzulassung hat und die Maßnahme vor Beginn bei Ihrer Krankenkasse beantragen.

Ich möchte mir an dieser Stelle die ketzerische Bemerkung erlauben, dass eine Zulassung der Krankenkassen nicht zwangsweise ein Qualitätsmerkmal für einen Kursleiter darstellt. Der Schwerpunkt der Zulassung liegt nämlich nicht auf der *fachspezifischen Qualifikation,* sondern auf der *Grundausbildung* der Person. Im Wesentlichen traut man gemäß den gesetzlichen Vorgaben nur Akademikern wie zum Beispiel Lehrern, Ärzten, Psychologen und Sozialpädagogen zu, einen Entspannungskurs adäquat anleiten zu können. Um zum Beispiel krankenkassenförderungswürdige Kurse in Autogenem Training durchführen zu dürfen, reicht eine kurze Ausbildung von 60 Stunden. In unserem Fachzentrum für Stressbewältigung (DFME) arbeitet seit Jahren eine Heilpraktikerin, die sich im Laufe von anderthalb Jahren mit 520-Ausbildungsstunden zur Spezialistin auf diesem Gebiet qualifiziert hat und die bei uns als Dozentin selbst Kursleiter ausbildet. Ihr wird die Anerkennung versagt, weil die „Grundausbildung nicht stimmt". Schauen Sie also genau hin. Wenn Ihnen ein Kursleiter ohne Kassenzulassung qualifizierter erscheint, bezahlen Sie diesen Kurs im Zweifelsfall lieber selbst.

12. Kann ich alle Stressoren aus meinem Leben entfernen?

Eines schönen Tages werden tatsächlich alle Stressoren aus Ihrem Leben verschwunden sein. Allerdings nutzt Ihnen das dann nicht mehr viel, weil Sie sich dann bereits die Radieschen von unten anschauen ... Solange Sie jedoch leben, werden Sie unausweichlich damit konfrontiert, dass es Dinge gibt, die sich Ihrer Einflussnahme schlicht entziehen. Zum Beispiel Umweltlärm, Luftverschmutzung oder der Verlust geliebter Dinge und Menschen. Einige dieser Dinge werden Sie vermeiden können, aber mit anderen werden Sie unweigerlich konfrontiert werden. Hier ist Unterscheidungsvermögen gefragt. Das Gelassenheitsgebet des Theologen und Philosophen Reinhold Niebuhr (1892-1971) kann dabei eine Unterstützung sein: *„Gott gebe mir die Gelas-*

senheit, Dinge hinzunehmen, die ich nicht ändern kann, den Mut, Dinge zu ändern, die ich ändern kann, und die Weisheit, das eine vom anderen zu unterscheiden."

13. Welche Rolle spielen unsere Gedanken im Zusammenhang mit Stress?

Eine ganz maßgebliche. Im jüdischen Talmud wird dieser Zusammenhang sehr treffend dargestellt. Dort heißt es:

Achte auf deine Gedanken, denn sie werden deine Worte.
Achte auf deine Worte, denn sie werden deine Taten.
Achte auf deine Taten, denn sie werden zu Gewohnheiten.
Achte auf deine Gewohnheiten, denn sie werden dein Charakter.
Achte auf deinen Charakter, denn er wird zu deinem Schicksal.

Damit ist eigentlich alles gesagt. Ich möchte zur Vertiefung dennoch ein paar Worte ergänzen. Wie der Spruch zeigt, beginnt alles mit unseren Gedanken. Tragischerweise sind wir uns dessen, was uns den ganzen Tag über durch unser Hirn schießt, wenig bis gar nicht bewusst – oder schauen Sie sich selbst beim Denken zu? Sind Sie sich Ihrer Gedanken und deren Qualität stets bewusst? In der Regel sind wir das nicht und das bedeutet nichts anderes, als dass wir unser Schicksal letzten Endes mehr oder weniger dem Zufall überlassen.

Unsere Gedanken bestimmen auch, was wir fühlen. Nehmen wir die folgende Situation, um das zu illustrieren: Ihr Partner hat den Jahrestag Ihrer Beziehung vergessen. Wenn Sie enttäuscht darüber sind, hat das mit dem zu tun, was Sie über die Situation denken. Und niemand denkt für Sie, das tun Sie ganz alleine. In Ihrem Hirn fällt die Entscheidung darüber, Verärgerung zuzulassen oder verständnisvoll und großmütig über den Fauxpas des Partners hinwegzusehen.

Stressbewältigung setzt bereits da an, wo wir uns der Gefühle in einer bestimmten Situation bewusst werden. Im zweiten Schritt können wir uns dazu entscheiden, eine innere Haltung zu dem Geschehen einzunehmen, die von Mitgefühl geprägt ist oder die zumindest nicht zu einer Eskalation mit möglicherweise unerfreulichem Ergebnis führt. Das hat nichts mit einer Unterdrückung von Gefühlen zu tun – es geht durchaus darum, sie wahrzunehmen. Und es geht auch darum, zu ihnen zu stehen.

Das könnte zum Beispiel so aussehen: Ich stelle fest, dass mein Partner unseren Jahrestag vergessen hat und ich bemerke, dass mich das wütend macht. Achtsam spüre ich in mich hinein, welche Gefühle außer der vordergründigen Wut noch vorhanden sind. Ich nehme wahr, dass ich enttäuscht bin. Mein Bedürfnis nach Anerkennung wurde verletzt. Und etwas traurig bin ich auch. Dann denke ich an meinen Partner und ich weiß, dass ich ihm wichtig bin. Er wird ebenfalls traurig und wütend über sich selbst sein, wenn er erfährt, dass er unseren Jahrestag vergessen hat. – Er kommt dann schließlich von der Arbeit und ich sage zu ihm: „Du hast heute unseren Jahrestag vergessen und ich bin ganz schön enttäuscht und traurig darüber." Er nimmt mich in die Arme und sagt mir, wie leid es ihm tut, und fragt mich, wie er es wiedergutmachen kann. Es wird noch ein schöner Abend.

Diese Situation hätte auch anders ausgehen können, wenn ich mir meiner Wut nicht bewusst gewesen wäre und wenn ich negativen Gedanken wie „Alles andere ist ihm wichtiger als ich", „Er liebt mich nicht" und so weiter freien Lauf gelassen hätte.

Das Ganze ist – wie wir an dem Beispiel deutlich ersehen können – eng verbunden mit Achtsamkeit. Sie hilft uns, uns unserer Gedanken gewahr zu werden. Denn nur, wenn wir uns dessen bewusst sind, was wir denken, haben wir die Möglichkeit gegenzusteuern, um zu verhindern, dass sich die Dinge auf eine Art entwickeln, die weder uns noch anderen etwas nutzt.

14. Mein Hauptstressor sind andere Menschen. Am liebsten würde ich sie aus meinem Leben verbannen. Wie gehe ich am besten damit um?

Ach ja, die Anderen ... eine Hassliebe der ganz besonderen Art. Oft mögen wir sie nicht, aber ohne sie können wir auch nicht – und vor allem kommen wir nicht an ihnen vorbei. Damit wäre die Frage der „Verbannung" geklärt.

Spätestens seit Freud und Jung wissen wir zudem: Was uns an anderen nervt, sind unsere eigenen unterdrückten Anteile, die wir auf unsere Zeitgenossen projizieren. Und weil es kompliziert und schmerzhaft ist, sich mit eigenen ungeliebten Persönlichkeitsanteilen und Charaktereigenschaften auseinanderzusetzen, weisen wir sie anderen zu und bekämpfen sie dort. Natürlich ist das kein bewusster Akt und genau das macht die Sache kompliziert. Worauf ich hinaus möchte, ist Folgendes: Die Abneigung gegen andere hat mit Ihnen selbst zu tun. Mit mangelnder Einsicht, mangelnder Toleranz, mangelndem Mitgefühl und mangelnder Selbstliebe. Der englische Arzt und Gründer der Bach-Blütentherapie, Dr. Edward Bach (1886-1936), brachte es mit seiner Aussage: „Ihr leidet an euch selbst!" auf den Punkt. Unbequem, aber wahr. Je mehr Sie unter „den Anderen" leiden, desto mehr ist eine Selbstauseinandersetzung zum Beispiel in Form einer Therapie geboten. Sie können andere nicht ändern, nur sich selbst. Und ich gebe Ihnen mein Wort: Je mehr Sie über sich selbst erfahren, je mehr Sie sich selbst lieben lernen und je mehr Mitgefühl und Geduld Sie für sich selbst entwickeln, desto weniger stellen andere noch einen Stressor für Sie dar.

15. Ich stehe dem Stress in meinem Leben hilflos gegenüber. Kann ich etwas dagegen unternehmen?

Aber ja. In diesem Ratgeber erfahren Sie bereits viel über Stress und Stressbewältigung und deren Hintergründe. Mit dem hier erworbenen Wissen werden Sie etliche Ansatzpunkte finden, um mehr Gelassenheit in Ihr Leben zu bringen.[1] Außerdem haben Sie die Möglichkeit, sich in Einrichtungen, die sich auf Stressbewältigung spezialisiert haben, zu informieren und sich beraten zu lassen. Dort wird man Ihnen einen für Sie und Ihre derzeitige Lebenssituation passenden Kurs oder ein Seminar empfehlen und Ihnen möglicherweise begleitende Gespräche anbieten.

Wenn Sie es lieber persönlich haben und keinen „Gruppen-Exhibitionismus" mögen, wie es ein Unternehmer mir gegenüber einmal bezeichnete, dann kommt vielleicht ein spezielles Stressbewältigungs-Coaching für Sie in Frage. Im Rahmen von maximal zehn Terminen in wöchentlichem Abstand (in weniger als acht Sitzungen sind erfahrungsgemäß keine ausreichenden Resultate zu erzielen) sollten Sie gemeinsam mit einem geschulten Stress-Coach Methoden, Sichtweisen, Strategien und Verhaltensänderungen erarbeitet haben, die Sie in die Lage versetzen, trotz großer Beanspruchung ein Höchstmaß an Lebensqualität und Lebensfreude zu bewahren.

16. Gibt es Tipps zur sofortigen Beruhigung, wenn ich das Gefühl habe, dass die Wogen des Stresses über mir zusammenschlagen?

Hier sind einige Tipps und Hinweise, die die Kursteilnehmer, Klienten und Ausbildungsabsolventen unseres Fachzentrums als besonders hilfreich bewertet haben. Suchen Sie sich heraus, was für die jeweilige Situation passt, die Sie gerade unter Druck setzt.

⤳ Versuchen Sie in einer akuten Stressreaktion erst einmal Abstand von der Situation zu bekommen und in irgendeiner Form Zeit zu gewinnen. Machen Sie es sich zur Gewohnheit, in solch einer Lage grundsätzlich *ganz bewusst* erst einmal *gar nicht* zu reagieren und stattdessen ein paar Mal tief durchzuatmen. Das Motto lautet: AKTION STATT REAKTION!

⤳ Richten Sie Ihre Aufmerksamkeit nach innen und werden Sie sich Ihrer momentanen Gefühle bewusst.

⤳ Werden Sie sich als Nächstes bewusst, welche Ihrer Bedürfnisse oder Wertvorstellungen gerade verletzt wurden oder werden.

---

1 In meinem Grundlagenwerk *Handbuch Stressbewältigung* (Mankau 2009) gehe ich vertiefend auf die einzelnen Aspekte ein. Dort finden Sie viele Anleitungen für Strategien und Methoden, die Sie sofort umsetzen können.

⋯⟩ Fragen Sie sich, was Ihr Gegenüber möglicherweise gerade denkt und empfindet.

⋯⟩ Schieben Sie eine „Klo-Meditation" ein: Die Toilette ist manchmal der einzige Ort, an dem wir ungestört sein können. Machen Sie dort einige Atemübungen, führen Sie einen Durchgang in Autogenem Training durch oder ein paar Übungen der Progressiven Muskelentspannung[2]. Das alles baut Druck ab.

⋯⟩ Trinken Sie ein Glas oder mehrere Gläser Wasser: Ob Sie diesen Tipp merkwürdig finden oder nicht ... Betroffene berichten immer wieder über die im wahrsten Sinne des Wortes klärende, erfrischende Wirkung von Wassertrinken.

⋯⟩ Machen Sie einen ausgedehnten Spaziergang, am besten in der Natur. Das durchlüftet das Gehirn und bringt frischen Sauerstoff in den Körper. Überhaupt baut Bewegung das Stresshormon Adrenalin ab, deshalb können Sie auch nordic walken oder joggen oder Sie schwingen sich aufs Fahrrad.

⋯⟩ Rufen Sie einen Freund an und sprechen Sie sich aus.

⋯⟩ Beruhigen Sie sich bei einer schönen Entspannungsmusik oder einer Meditations-CD[3].

All diese Möglichkeiten sind keine Maßnahmen für eine effektive, dauerhafte Stressbewältigung, aber als Erste-Hilfe-Instrumentarium leisten sie durchaus gute Dienste.

17. Gibt es Medikamente gegen Stress?

Auf die Pille gegen Stress warten sicherlich einige schon sehnsüchtig und es wird tatsächlich auch daran geforscht. Doch obwohl bereits zahlreiche kleine Äffchen in Versuchslaboren ihr Leben dafür lassen mussten, sind die Wissenschaftler noch nicht einmal in die Nähe ihres Zieles gekommen.

Bislang werden von Ärzten Beruhigungsmittel, sogenannte Tranquilizer, verschrieben. Diese Mittel zeichnen sich durch eine Menge unerfreulicher Nebenwirkungen aus und einige der darin verwendeten Substanzen machen sogar süchtig. Aus diesen Gründen lehne ich die Einnahme von Medikamenten bei Stress grundsätzlich ab. Und nun folgt die berühmte Ausnahme von der Regel: In bestimmten Fällen kann es angebracht sein, eine Person so lange mit Beruhigungsmitteln zu stabilisieren, bis ge-

---

2 Praktische Anleitungen für Atemübungen, für das Autogene Training und die Progressive Muskelentspannung nach Jacobson finden Sie auf meiner Internetseite www.der-stresscoach.de. Dort können Sie auch die kostenlose *Stress-Sprechstunde* nutzen oder über einen *psychologischen Test* herausfinden, wie gestresst Sie wirklich sind.

3 Die von mir produzierte *Anti-Stress-Box*, die im Mankau-Verlag erschienen ist, enthält fünf CDs zum Entspannen und Meditieren, die Sie je nach Stimmungslage auswählen können.

zielte Stressbewältigungsmaßnahmen greifen. Aber das sollte wirklich die Ausnahme bleiben.

18. Ist es wahr, dass gesunde Ernährung den Stresspegel senkt?

Sagen wir mal so: Bestimmte Ernährungsgewohnheiten können Stress erhöhen. Bekanntermaßen steckt nur in einem gesunden Körper ein gesunder Geist. Wir sollten unserem Körper also die Vitamine, Mineralstoffe und Spurenelemente zuführen, die er braucht – und das ist in erster Linie durch eine ausgewogene Ernährung zu erreichen. Wenngleich bestimmte Stoffe auch nicht direkt mit Stress in Zusammenhang gebracht werden, ist deren ausgewogenes Verhältnis wichtig für den Erhalt der Homöostase, also des Gleichgewichts der Körpersäfte und -substanzen. Viele Stoffe haben eine Katalysatorfunktion – ihr Fehlen kann das gesamte Gleichgewicht empfindlich stören.

Weiterhin gilt es zu berücksichtigen: Wer unter Stress steht, hat oft einen erhöhten Vitamin- und Mineralstoffbedarf, und da unsere Nahrung immer denaturierter wird, reicht oft selbst eine vollwertige Ernährung nicht aus, um diesen erhöhten Bedarf zu decken. Deshalb kann es sinnvoll sein, zusätzlich entsprechende Präparate einzunehmen.

Kontraproduktiv sind übermäßiger Verzehr von Kaffee, schwarzem Tee und zu viel Fett und Zucker, die vor allem in nährstoffarmen oder nährstofflosen Nahrungsmitteln vorhanden sind. Spätes Abendessen und Nahrung aus der Mikrowelle sind ebenso ungünstig wie Brot, Müsli und Joghurt zum Frühstück. Reduzieren sollten Sie außerdem den Verzehr von gebratenem Fleisch und Rotwein. Beides erhitzt das Druckregulierungsorgan Leber, und diese Tatsache heizt wiederum den Stress im Körper an. Wenn Sie unter Anspannung stehen, essen Sie häufig Gemüsesuppen und saftig Gedünstetes mit Reis, Getreide oder Nudeln[4].

19. Wie kann ich verhindern, immer wieder in den Alltagstrott zurückzufallen, wenn ich meine Stressbewältigungsmethoden praktiziere?

Der Zen-Meister Thich Nhat Hanh setzt sich in seinem Buch *Die Kunst des glücklichen Lebens* intensiv mit dieser Frage auseinander. Er spricht von der „Gewohnheitsenergie", die so stark ist, dass sie uns immer wieder in alte Verhaltensweisen zurückfal-

---

4 Dieses Buch ist kein Ernährungsratgeber – deshalb kann ich auf das Thema nicht näher eingehen. Da unsere Ernährung aber viel mit unserem körperlichen Zustand und unserem Befinden zu tun hat, empfehle ich Ihnen, sich mit der 5-Elemente-Ernährung der Traditionellen Chinesischen Medizin zu beschäftigen. Das ist übrigens nicht einmal halb so exotisch, wie es sich anhören mag – es geht dabei um die ganz normalen Lebensmittel, die wir in unseren Breitengraden täglich zu uns nehmen.

len lässt. Unsere Mit-Welt ist gewohnt, dass wir bestimmte Sicht- und Verhaltensweisen haben und Dinge auf eine bestimmte Art und Weise tun. Das macht uns für sie kalkulier- und einschätzbar. Wenn wir in diesem alten Tanz die Schritte ändern, verunsichert das unsere Mitmenschen und sie werden mit allen ihnen zur Verfügung stehenden Mitteln versuchen, uns dahin zu bringen, wie gewohnt zu funktionieren. Das kann bisweilen ein kalter Wind im Gesicht derjenigen sein, die schon genug mit der Überwindung des inneren Schweinehunds zu tun haben. Wenn Sie in solch einer Situation sind, kommt es vor allem darauf an, sich immer wieder an den eingeschlagenen eigenen Weg zu erinnern und kontinuierlich neue Gewohnheiten aufzubauen. Hier einige förderliche Hinweise, die Ihnen dabei helfen können, die *Gewohnheitsenergie* zu überwinden:

‣ Verinnerlichen Sie sich, dass Sie einen neuen Lebensstil beginnen, der geprägt ist von Entschleunigung, Gelassenheit und Toleranz.

‣ Informieren Sie sich. Besorgen Sie sich Bücher, die Sie auf Ihrem neuen Weg unterstützen. Gut geeignet ist jegliche Literatur zum Thema Stressbewältigung durch Achtsamkeit.

‣ Setzen Sie sich Erinnerungs„anker", zum Beispiel Lotusblüten, Buddhas, Naturbilder oder Kristalle. Diese Objekte sollen Sie an Ihren neuen Lebensstil erinnern, egal, ob Sie an der Spüle oder an der Werkbank stehen, am Schreibtisch oder im Auto sitzen.

‣ Reden Sie mit Freunden und Interessierten über Stress und über Ihre neuen Erfahrungen.

‣ Besuchen Sie Vorträge und Kurse.

‣ Suchen Sie die Nähe Gleichgesinnter.

20. Worauf sollte ich bei meiner Suche nach Stressbewältigungsmaßnahmen, -methoden und -strategien achten?

Vermeiden Sie grundsätzlich alles, was Ihnen Lösungen verspricht, die schnell und ohne Aufwand zu erreichen sind. Achten Sie darauf, dass die Maßnahmen, Methoden und Strategien zu Ihrem Temperament, Ihren persönlichen Vorlieben und Abneigungen und zu Ihrer beruflichen und persönlichen Lebenssituation passen. Erkundigen Sie sich auch nach der Qualifikation von Beratern und Kursleitern, bei denen Sie Unterstützung suchen.

Je mehr Sie über das Thema wissen, desto zielgerichteter und effizienter werden Sie Ihre persönliche Stressbewältigung angehen. Sammeln Sie also viele Informationen, werten Sie diese aus und lassen Sie Ihre Erkenntnisse sacken, bevor Sie loslegen.

21. Was kann ich gegen Stress beim Autofahren tun?

Sobald Sie merken, dass Ihr Stresspegel steigt, bleiben Sie zunächst einmal ruhig und beobachten Sie Ihre Reaktion auf das aktuelle Geschehen. Sondieren Sie dann die Lage. Vielleicht sind Sie in einen Stau geraten. Dann ist das eine Situation, die Sie nicht ändern können – egal, ob Sie sich darüber ärgern oder nicht. Da Ärger Ihre Gesundheit schädigt, sollten Sie beschließen, die Lage zu akzeptieren, anstatt nutzlose Widerstände dagegen aufzubauen. (Übrigens bedeutet für mich Stressprophylaxe, immer Lern-CDs oder eBooks im Auto zu haben, mit denen ich mich sinnvoll beschäftigen kann, wenn ich mal im Stau stehe.)

Die größten Nervensägen im Straßenverkehr sind aber meistens „die Anderen". Sie drängeln, nehmen einem die Vorfahrt oder bringen einen in gefährliche Situationen. Hier hilft ebenfalls nur, innezuhalten (setzen Sie sich innerlich ein STOPP!!!) und die Lage zu analysieren: Entweder hatte derjenige keine gute Kinderstube oder er ist versunken in Achtlosigkeit und damit verbundenem Stress. Oft scheint es sogar beides zu sein. Wie dem auch sei: In jedem Fall gebührt diesem bedauernswerten Menschen unser Mitgefühl. Probieren Sie einmal aus, mitfühlend mit einem anderen Autofahrer zu sein, selbst wenn Sie glauben, sich im Recht zu befinden. Wenn Sie das bewusst tun, werden Sie die heilsame Wirkung von Mitgefühl erfahren. Sie werden feststellen, dass Ihr eigener Ärger schmilzt wie Butter in der Sonne, sobald Sie mitfühlend mit anderen werden. Verständnis und Nachsicht für andere sind das beste Rezept gegen den eigenen Stress beim Autofahren. Seien Sie generös. Leisten Sie es sich, entspannt und großmütig zu sein.

22. Wie lange sollte ich Stressbewältigung praktizieren?

Stressbewältigung sollte nicht als „Methode" oder „Technik" verstanden werden, sondern als *Lebenshaltung*. Natürlich benötigen Sie zur Stressbewältigung auch Methoden und Techniken, aber diese sollten nicht zum Selbstzweck werden. Zu einer systematischen Stressbewältigung gehören folgende Elemente:
- innere Glaubenssätze, Wertvorstellungen und Sichtweisen nach Tauglichkeit in der derzeitigen Lebenssituation überprüfen;
- Entspannungsmethoden bzw. Meditationsformen erlernen;
- Strategien zur Stressreduktion im Lebens- und Arbeitsumfeld entwickeln;
- neue hilfreiche Verhaltensweisen und Gewohnheiten aufbauen;
- gesunde Ernährung;
- ausreichende Bewegung.

Stressbewältigung bedeutet, diese Dinge so selbstverständlich in das tägliche Leben zu integrieren wie Zähneputzen. Ohne dass Sie später noch darüber nachdenken, entwickeln Sie mit der Zeit einen neuen Lebensstil, der von Selbstliebe, Toleranz, Gelassenheit, Geduld und Mitgefühl gekennzeichnet ist – und das ist ein lebenslanger und kein zeitlich begrenzter Prozess.

23. Was geschieht, wenn ich nichts gegen meinen Stress unternehme?

Bestenfalls führen Sie ein Dasein mit dem dumpfen, gequälten Gefühl einer eingeschränkten Lebensqualität. Langfristig wird diese Situation Ihren körperlichen und psychischen Gesundheitszustand empfindlich beeinträchtigen. Schlechtestensfalls widerfährt Ihnen *Karoshi*. Das ist ein in Japan gebräuchlicher Begriff für den Tod durch Überarbeitung. Unser Körper ist immer bemüht, unseren Gesundheitszustand zu erhalten und Missstände auszugleichen. Er bedient sich dabei eines *Adaptionssystems*. Je nachdem, wie stark der Stress ist, dem sich jemand ausgesetzt fühlt oder wie lange er anhält, kann dieses System geschwächt werden – oder sogar zusammenbrechen. In der Fachwelt unterscheidet man dabei drei Phasen:

Phase 1 – Alarmreaktion
Der bedrohte Organismus reagiert auf einen Stressor und bemüht sich kontinuierlich darum, den Ausgleich wieder herzustellen. Dauert die stressauslösende Situation unvermindert an, folgt

Phase 2 – Resistenz
In dieser Phase sieht es zunächst so aus, als wenn der Körper mit der Bewältigung der Situation zurechtkommen würde. Er scheint eine Resistenz gegen den Hauptstressor entwickelt zu haben. In Wahrheit jedoch wird er durch die in diesem Prozess gebundene Energie anfälliger für andere (unbedeutendere) Stressauslöser. Im Verlauf dieser Phase verschwinden die Symptome der ersten Phase. Dies ist jedoch eine trügerische Ruhe, sozusagen die Ruhe vor dem Sturm, denn sie wird durch gesteigerte Hormonausschüttungen verursacht. Gibt es auch in dieser Phase keine nennenswerte Entspannung, geht sie über in

Phase 3 – Erschöpfung
Das Immunsystem und die Drüsen sind durch die permanente Überfunktion derart erschöpft, dass der Organismus sich nicht mehr an den Dauerstress anpassen kann. Der Körper bringt nun verschiedene Erkrankungen und Gemütsstörungen hervor – er beginnt quasi, sich selbst zu zerstören – der klassische *Burnout*. Das Endstadium der dritten Phase kann im extremsten Fall der Tod sein.

Entspannungstechniken und Meditation

24. Gibt es einen Unterschied zwischen Entspannungsmethoden und Meditation?

Die Grenzen zwischen beiden sind manchmal fließend, und für den Laien ist ein Unterschied in der Tat oft nicht zu erkennen. Bei medizinischen Untersuchungen wurde festgestellt, dass die gemessenen physiologischen Veränderungen bei Entspannungsverfahren und Meditation sich nicht wesentlich voneinander unterscheiden. Ob jemand meditiert oder eine Entspannungsmethode übt, ist also weder von außen optisch auszumachen noch durch physiologische Messungen zu unterscheiden. Dennoch gibt es einen bedeutsamen Unterschied und der liegt in der *Zielsetzung*.

Entspannungstechniken werden oft von Ärzten verordnet und dienen – wie der Name schon verrät – der Entspannung des Körpers und infolgedessen auch des Geistes. Der Körper wird durch regelmäßiges Üben systematisch konditioniert, damit er sich zum einen in herausfordernden Lebenslagen schnell und effektiv wieder ins Gleichgewicht bringen kann und zum anderen nicht mehr so tief im Stressgefühl versinkt wie zuvor. Auf Dauer führt das zu mehr Ausgeglichenheit und Gelassenheit.

Die Zielsetzung von Meditation ist seit jeher eher eine spirituelle. Sie diente den Menschen schon vor Urzeiten zur Verbindung mit dem „Höchsten". Ein unbeabsichtigter Nebeneffekt von Meditation ist die *Introspektion* und das verleiht ihr auch eine psychologische Komponente. Sie wird bisweilen als „sanfte Psychotherapie" bezeichnet. Im meditativen Zustand kann man besser als im Alltag Dinge wertfrei betrachten oder, wie ein Zen-Meister es ausdrückte: „In der Meditation habt ihr große Kraft, die Dinge anzunehmen, wie sie sind." Es passiert nicht selten, dass verdrängte Persönlichkeitsanteile während des Meditierens aus dem Meer des Unterbewusstseins auftauchen und ans Ufer des Bewusstseins branden. Beim Meditieren kann man diese Erscheinungen betrachten, ohne sie bedrohlich zu empfinden. Dabei kann es zu umwälzenden Erkenntnissen kommen.

Fazit: Entspannungstechniken haben eher körperliche und Meditationsmethoden eher spirituelle Ziele.

25. Was ist Meditation?

Meditation ist etwas, das nur unzureichend mit Worten erklärt werden kann. Diese Aussage erinnert mich an Bücher über Zen, die mit den Worten beginnen, dass es über Zen eigentlich nichts zu sagen gebe und die dann erst nach 300 Seiten enden. Ich versuche es trotzdem und nähere mich der Beantwortung dieser Frage hier einmal rein mental-analytisch.

Die Frage: „Was ist Meditation?" ist deshalb so komplex, weil man von Meditation als *Methode, Zustand* oder *Weg* sprechen kann.

a) Meditation als Methode

Wenn man den frühesten Zeugnissen der Menschheit glauben kann, dann ist Meditation so alt, wie die Menschheit selbst. Zu allen Zeiten sind in allen Kulturen der Erde verschiedene Formen von Meditationen entstanden, die auch als *Gebet, Kontemplation* oder *Geistesschulung* bezeichnet wurden. Wenngleich auch aus dem Christentum einige Methoden bekannt sind, so stammen doch die meisten im Westen praktizierten Methoden aus dem Buddhismus. Im Grunde ist es jedoch egal, woher sie stammen, denn sie sind unkonfessionell und können deshalb in jeden Glaubenskontext integriert werden. Es gibt da keinen Widerspruch. Das wird durch die Tatsache belegt, dass es christliche Priester und Pfarrerinnen gegeben hat und gibt, die Elemente zen-buddhistischer Geistesschulungen in Übungen der christlichen Kontemplation integrieren.

Ich werde öfter gefragt, welche Einteilungen für Meditationsformen es gibt – und vor allem, welche „die Beste" sei. Beginnen wir mit dem letzten Teil der Frage. Man kann Meditationsmethoden nicht *qualitativ* bewerten. Was die „beste" Methode ist, muss individuell beurteilt werden, denn diese Klärung hängt von verschiedenen Faktoren ab: vom Temperament einer Person, ihren Vorlieben und Abneigungen, ihrer derzeitigen Lebenssituation und eventuellen Vorerfahrungen.

Kommen wir zur Frage der Zuordnung der verschiedenen Methoden. Es ist wohl eine Eigenschaft unseres westlichen Geistes, der verstehen möchte, wie Dinge sind, wie sie funktionieren und in welche Raster er sie einordnen kann. Dafür lässt er sich nicht unbedingt gerne auf sie ein, sondern ergründet die Objekte seiner Erforschung vorzugsweise aus einer gewissen Distanz heraus. Er denkt lieber darüber nach … Um das Große Ganze zu verstehen, abstrahiert er es, analysiert es, zerteilt es in seine einzelnen Bestandteile und ordnet diese dann bestimmten Schubladen zu. In unserem Fall gibt es in puncto Schubladen keine einheitlichen Beschriftungen, kein allgemein anerkanntes Raster, in das die verschiedenen Techniken und Herangehensweisen einzuordnen wären. Denn je nach Sichtweise und Priorität kann man die einzelnen Übungen hier oder dort zuordnen und zudem gibt es Überschneidungen. Um Sie mit dieser Frage aber nicht ganz im Regen stehen zu lassen und Ihnen wenigstens einen groben Überblick zu verschaffen, habe ich folgende willkürliche Einteilung vorgenommen:

⋯⇢ *Meditationen für Entspannung und Wohlbefinden*
   Beispiele: Geführte Meditationen (Phantasiereisen), Musik-Meditationen, Klangschalen-Meditationen, Atem-Meditationen

⤳ *Meditationen zur Entwicklung von Versenkung und Gleichmut und zur Vertiefung von Weisheit und Einsicht*
Beispiele: Zazen, Vipassana (Einsichtsmeditation), Lojong-Geistesschulungen

⤳ *Meditationen zur Entwicklung von Mitgefühl und liebender Güte*
Beispiel: Metta-Meditation

⤳ *Meditationen zur Öffnung des Herzens, um über die Grenzen des eigenen Ich hinauszugehen*
Beispiel: Tonglen-Schulungen

b) Meditation als Zustand

Unter Meditation kann unter anderem ein bestimmter Zustand verstanden werden, den ich gerne als „Seins-Modus" bezeichne. Es gibt viele verschiedene wissenschaftliche Definitionen aus der Meditationsforschung, die erklären, was ein meditativer Zustand ist. Aus diesen Untersuchungen wissen wir jedoch auch, dass er – zumindest bislang – nicht einheitlich zu definieren ist. Je nach Methode werden zum Beispiel unterschiedliche Gehirnregionen aktiviert. Grundsätzlich ist ein meditativer Zustand durch eine außerordentliche Wachheit und Präsenz bei gleichzeitiger völliger Entspannung gekennzeichnet. Sie haben richtig gelesen: Wachheit und Entspannung schließen einander nicht aus, sondern Meditieren bedeutet, diese scheinbaren Gegensätze in Einklang zu bringen.

Wenn Sie jetzt denken, dass Sie diesen Zustand kennen, dann muss ich Ihnen recht geben. Wir erleben ihn öfter, sind uns dessen jedoch meist nicht bewusst. Solch ein Empfinden haben wir zum Beispiel, wenn wir am Meer sitzen und in den Sonnenuntergang schauen, bei der Gartenarbeit, beim Lesen eines erhebenden Buches oder beim Liebesspiel. Wir geben uns dem, was gerade ist, voll und ganz hin. Wir sind entspannt und dennoch erleben wir uns wach und klar. Der wirkliche Unterschied zwischen diesen unwillkürlichen Situationen und der Meditation ist, dass Meditierende diesen Zustand selbst, regelmäßig und bewusst herbeiführen.

c) Meditation als Weg

Wer Meditation als Weg betrachtet, übt sich darin, einen Lebensstil zu entwickeln, der von einer besonderen inneren Haltung gekennzeichnet ist. Der Meditierende übt sich darin, mehr Selbsterkenntnis zu erlangen, achtsamer, gelassener, geduldiger und mitfühlender zu werden. Um diese Eigenschaften zu kultivieren, braucht es ein hohes Maß an Achtsamkeit, die über zwei ineinandergreifende Übungswege ins Leben integriert werden kann:
a) *formell-systematisch* durch regelmäßiges Meditieren und

b) *informell*, indem man sich darin übt, alle Aufgaben des Alltags aufmerksam und präsent zu verrichten.

Was sich zunächst etwas trivial anhört, ist es bei näherem Hinsehen jedoch nicht. Wer regelmäßig meditiert, macht nämlich die erstaunliche Erfahrung, dass man in der Meditation große Kraft hat, Dinge anzunehmen – auch und ganz besonders die, die einem im „Alltags-Modus" das Leben schwer machen. Eine Erfahrung des meditativen Zustands ist die eines umfassenden Einverstandenseins, der Unabhängigkeit von äußeren Umständen. Einverstandensein bedeutet in diesem Zusammenhang nicht, alles gutzuheißen. Es bedeutet, die Dinge einfach zu akzeptieren, wie sie sind, ohne ihnen unnötigen, kraftraubenden Widerstand entgegenzusetzen. Mir ist bewusst, dass ich hier über eine Erfahrung rede, die sich dem rein verstandesmäßigen Erfassen entzieht. Auf diese Problematik weisen Meditationslehrer immer wieder hin, wenn sie sagen, dass das Wesen von Meditation ebenso wenig mit Worten erklärt werden könne, wie das Lesen einer Speisekarte satt machen würde. Es könne nur in der Meditation selbst erfahren werden.

Wer meditiert, stellt fest, dass er selbst Belastendes in völlig neuem Licht sehen kann, wenn er ihm keinen Widerstand entgegensetzt. Meditation als Weg bedeutet, diesen Zustand des Gleichmutes aus der Meditation in den Alltag einzubringen. Wenn wir dies schaffen, werden wir verständiger, geduldiger, toleranter und mitfühlender, und das wiederum führt auf Dauer zu weniger Reibungswiderständen und zu einem glücklicheren Leben. Mitfühlend und verständnisvoll zu sein heißt nicht, sich widerspruchslos alles gefallen zu lassen. Aber man geht aus dieser inneren Haltung heraus mit weit weniger Aggression und Intoleranz daran, Probleme zu lösen.

Menschen, für die Meditation ein Weg ist, beschreiten ihn aus religiösen oder spirituellen Gründen oder einfach aus einer inneren Überzeugung heraus. Sie wollen „bessere" Christen, Buddhisten oder (atheistisch ausgedrückt) Menschen werden. Viele sind zu der Überzeugung gelangt, dass unsere Welt mehr Frieden braucht, und sie haben erkannt, dass der effektivste Weg dorthin ist, bei sich selbst zu beginnen.

26. Macht Meditation aus mir einen anderen Menschen?

Eine regelmäßige Meditationspraxis verändert uns, so viel steht fest. Bei wissenschaftlichen Untersuchungen an buddhistischen Mönchen wurde festgestellt, dass die regelmäßigen Geistesübungen Veränderungen in bestimmten Gehirnregionen bewirkt haben. Möglicherweise resultiert gerade die friedvolle, humorvolle Art der Mönche aus dieser Tatsache. Wenn Sie sich regelmäßig mit der Kraft der Stille aus Ihrer eigenen Mitte verbinden, werden Sie feststellen, dass Sie gelassener werden. Meditation bedeutet immer auch Selbstkonfrontation – oder anders gesagt, Sie werden, wenn Sie in der Stille auf sich selbst zurückgeworfen sind, viel über sich lernen. Möglicherweise integrieren Sie bislang verdrängte Persönlichkeitsanteile in Ihre Psyche und es gelingt Ihnen vielleicht, Frieden mit Menschen zu schließen, die bislang ein unüberwindliches Hindernis für Sie zu sein schienen. Vielleicht werden sich auch verschiedene Eigenschaften Ihres Gemüts wie Ungeduld, Aggression oder Intoleranz reduzieren. Allerdings machen selbst 50 Jahre Meditation aus einem Löwen kein Schaf. Trotz gewisser möglicher Veränderungen in Gemüt und Verhalten werden Sie kein „anderer Mensch", wenn Sie meditieren. Der Physiker Carl Friedrich von Weizsäcker hat es trefflich auf den Punkt gebracht, indem er sagte, dass Meditation keinen anderen Menschen aus uns macht, sondern den, der wir immer gewesen sind.

27. Muss ich Buddhist werden, um Meditieren zu lernen?

In dieser Frage klingt für mich ein möglicher religiöser Aspekt an, deshalb möchte ich zunächst einmal etwas klarstellen: Meditation hat nichts mit Religion zu tun (jedenfalls nicht zwangsweise) und der Buddhismus auch nicht! Auch wenn er immer wieder so genannt und in einigen Ländern der Erde mit religiösen Riten verbunden wird, ist er doch keine Religion im klassischen Sinne. Was ihn davon unterscheidet, ist das Fehlen eines Gottesbildes und einer heiligen Schrift. Zudem wird im Buddhismus nicht verlangt, an irgend etwas zu „glauben". Es geht im Gegenteil genau darum, nicht zu glauben, sondern die Dinge zu „untersuchen" und nur das als wahr anzunehmen, was auf eigener Erfahrung und innerer Einsicht basiert. Treffenderweise könnte man den Buddhismus eher als eine Lebensphilosophie bezeichnen. Nur so ist es möglich, dass es keinen spirituellen Kurzschluss gibt, wenn ein christlicher Priester Zen-Meister wird.

Die meisten im Westen bekannten Meditationsübungen haben ihre Wurzeln in den buddhistischen Lehren. Dort hat man die Natur des Geistes über zweieinhalbtausend Jahre systematisch erforscht und es ist ein System ausgereifter Bewusstseinsübungen daraus entstanden. Im Westen können wir daraus adaptieren, was sich am besten in unseren Alltag integrieren lässt. Kurzum: Sie können also Christ, Jude, Moslem oder Atheist sein, für die Meditation spielt das keine Rolle – ganz im Gegenteil: Die Übungen zur Klärung und Zentrierung des Geistes können dazu beitragen, dem eigenen Gottesbild noch ein Stück näher zu kommen.

28. Müssen Entspannungsübungen und Meditation immer in Stille praktiziert werden?

Das wird oft angenommen, aber sie müssen es nicht. Zen-Meister Shunryu Suzuki (1905-1971) wies sogar darauf hin, dass wir lernen sollten, wahre Ruhe in der Aktivität zu finden. Und der tibetische Meditationslehrer Akong Tulku Rinpoche stellte die provozierende Frage, wieso wir glaubten, dass Arbeit und Meditation zwei verschiedene Dinge seien.

Ungeübte Personen sollten sich jedoch eine ruhige Umgebung für ihre Übungen suchen, denn für einen Anfänger ist es am schwierigsten, den Geist zu sammeln. Er sollte deshalb so wenig wie möglich abgelenkt werden.

Es gibt sogar Meditationen, die dynamische und stille Elemente miteinander kombinieren, wie zum Beispiel die *Kundalini*, die der Mystiker Osho (1931-1990) entwickelt hat. Er hatte erkannt, dass die westlichen Menschen nicht so leicht zur Ruhe kommen, sondern dass sie zuvor einer Reinigung, einer Katharsis bedürfen. So beginnt diese einstündige Meditation mit einer Schüttelphase, geht über in eine dynamische Tanz-Phase, um dann von der Phase des Stillen Sitzens abgelöst zu werden und schließlich mit der Liege-Phase zu enden.

29. Welche Entspannungsmethode ist die richtige für mich?

Als „richtige" Entspannungsmethode ist diejenige zu bezeichnen, die zu Ihrem Temperamentstyp, Ihren Vorlieben und Abneigungen und zu Ihrer derzeitigen Lebenssituation passt. Wenn Sie tagsüber schwer arbeiten, verspüren Sie unter Umständen wenig Lust, abends noch eine dynamische Methode zu üben, die mit dem Einsatz von Muskelkraft einhergeht. Vielleicht ist Ihnen das Autogene Training in dieser Situation angenehmer. Wenn Sie den Tag hingegen sitzend an einem Schreibtisch verbracht haben, werden Sie sich darauf freuen, sich zu entspannen und gleichzeitig Ihren Körper noch etwas zu fordern. Um Ihnen einen Überblick zu verschaffen, habe ich hier für Sie die gängigsten Meditations- und Entspannungsmethoden aufgelistet:

Stille Methoden

Autogenes Training
Das Autogene Training ist eine ruhige autosuggestive (selbstbeeinflussende) Methode, bei der der Übende seinen Körper und seinen Geist mittels bestimmter Formeln von Wärme, Schwere und Ruhe in einen entspannten Zustand versetzt. Hat der Körper diesen Ablauf erst einmal verinnerlicht, schafft er es in immer kürzerer Zeit, sich immer tiefgreifender zu entspannen. Dadurch wird der Grundstresspegel des Übenden auf Dauer gesenkt.

Zazen
Zazen ist die stille Sitzübung des buddhistischen Zen. Der Meditierende sitzt regungslos auf einem Meditationskissen, einem Meditationsbänkchen oder auf einem Stuhl.

Er übt konzentriertes, einsgerichtetes Gewahrsein im Hier und Jetzt. Indem er den aufsteigenden Erscheinungen wie Gedanken, Gefühlen oder Emotionen nicht nachhängt, schafft er es, mit zunehmender Übung einen ununterbrochenen Strom klaren Bewusstseins zu erzeugen.

Vipassana (auch Einsichts- oder Achtsamkeitsmeditation)

Beim Vipassana meditiert man sitzend, wie beim Zazen beschrieben. In dieser, ebenfalls den buddhistischen Geistesschulungen entstammenden Übung achtet der Meditierende wahlweise auf seine Atmung, seine Gedanken, seine Körpergefühle oder seine Emotionen. Er übt sich in der Betrachtung deren Entstehens und Vergehens, um dadurch die wahre (leere bzw. selbst-lose) Natur aller Erscheinungen zu erkennen.

Transzendentale Meditation (TM)

In der TM bekommt der Schüler von seinem Meditationslehrer ein persönliches Mantra, mit dem er sich in der Meditation verbindet, indem er es fortlaufend rezitiert. Ein Mantra ist ein Wort (oder auch eine Wortfolge) von heiliger Bedeutung. Es soll ein spezifisches Energiefeld erzeugen, mit dem sich der Übende in der Meditation verbindet.

Geführte Meditationen / Phantasiereisen

Geführte Meditationen, auch Phantasiereisen genannt, sind meistens spannungslose Geschichten mit Bildbeschreibungen aus der Natur. Es geht darum, Abstand vom Alltag zu gewinnen, sich durch die schönen, harmonischen inneren Bilder zu entspannen und zu regenerieren.

Klangschalen-Meditation

Die Vibrationen von Klangschalen entspannen, lösen muskuläre und energetische Blockaden im Körper und beruhigen den Geist. Dafür reicht das Anhören einer entsprechenden CD aus, aber noch viel angenehmer ist eine Klangbehandlung, bei der die Schalen auf verschiedene Teile des bekleideten Körpers aufgesetzt und angeschlagen werden. Der Körper wird sozusagen selbst zum Klangkörper.

Biofeedback

Biofeedback bedeutet, vereinfacht ausgedrückt, dass biologische Abläufe eines Organismus „rückgemeldet", in diesem Fall grafisch dargestellt und damit sichtbar gemacht werden. Dazu nehmen spezielle Sensoren bestimmte Signale des Körpers auf und senden sie an einen Computer weiter. Ein spezielles Computerprogramm wertet die Daten aus und stellt die unbewusst ablaufenden physiologischen Aktivitäten auf dem Bildschirm grafisch dar. Das Biofeedback-System macht die Auswirkungen von Gedanken und Emotionen auf Körperfunktionen deutlich. Bestimmte Übungsprogramme helfen beim Einüben stressmindernder Denk- und Verhaltensweisen, deren Resultate direkt am Bildschirm überprüft werden können.

Entspannung in sanfter Bewegung

Tai Chi und Qigong

Bei Tai Chi und Qigong handelt es sich um Körper- und Bewusstseinsübungen. Ziel dieser Übungen ist es, eine harmonische Verbindung von Aufmerksamkeit, Atmung und langsamen, geschmeidigen und ungezwungenen Bewegungen herzustellen. Die Übungen reichern das Qi (Lebensenergie) an und bringen es in Bewegung; das stärkt die körperliche Gesundheit und beruhigt den Geist.

Yoga

Yoga ist eine philosophische Lehre, die Übungen und Anweisungen für ein gesundes Leben umfasst. Sie enthält Körperübungen, Atemübungen, Entspannungsübungen, Meditation, Ernährungsrichtlinien und Empfehlungen für eine positive Lebenseinstellung. In den gängigen westlichen Yoga-Kursen werden meistens nur die Körperübungen angeboten. Sie stärken die Vitalität, harmonisieren die Energieströme, fördern die Beweglichkeit und bringen den Geist zur Ruhe.

Progressive Muskelentspannung nach Jacobson

Die Progressive Muskelentspannung gehört neben dem Autogenen Training zu den „Klassikern" der Entspannungsverfahren. Beide Methoden sind sehr effektiv, leicht zu erlernen und fast überall anwendbar. Im Gegensatz zum ruhigen Autogenen Training ist die Progressive Muskelentspannung eine Technik, bei der – wie der Name bereits verrät – mit Muskelkraft gearbeitet wird. Nacheinander werden verschiedene Muskelgruppen des Körpers angespannt und abrupt wieder gelöst. Das abrupte Lösen hat eine Rückwirkung auf das Zentralnervensystem, das wiederum eine generalisierte Entspannung im Körper einleitet. Wie auch beim Autogenen Training geschieht dieser Vorgang mit zunehmender Übung immer rascher und tiefgreifender.

Atem-Meditationen

Der Atem ist der Dreh- und Angelpunkt jeder Meditation und jeder Entspannungsübung. Es gibt zahlreiche verschiedene Möglichkeiten, mit dem Atem zu arbeiten – einige Übungen beruhigen gezielt das Gemüt. Egal ob beruhigt, Konzentration gefördert oder Angst abgebaut wird, angenehme Nebeneffekte des zusätzlichen Sauerstoffangebotes sind stets eine verbesserte Durchblutung des Körpers, eine vermehrte Stoffwechselschlackenausscheidung und eine Zunahme von Vitalität.

Geh-Meditation
Wenn wir das Gehen zur Meditation machen, schlagen wir quasi drei Fliegen mit einer Klappe: Wir meditieren, bewegen unseren Körper und versorgen ihn mit einer Extraportion Sauerstoff. Es handelt sich dabei um eine Achtsamkeitsübung, die drinnen und draußen geübt werden kann. Das konzentrierte meditative Gehen erdet, beruhigt und bringt uns wieder ins Gleichgewicht, wenn wir überspannt, nervös, wütend oder traurig sind.

Entspannung in dynamischer Bewegung

Die Dynamische
Wie die *Kundalini* wurde auch die *Dynamische* von dem Mystiker Osho entwickelt. Sie dauert eine Stunde und wird nach einer eigens dafür komponierten Musik in fünf verschiedenen – teilweise recht bewegungsintensiven – Phasen durchgeführt. Ihre Wirkung ist sehr befreiend. Osho selbst bezeichnete sie nicht direkt als Meditation, sondern eher als *Vorübung* zur Meditation.

Ausdruckstanz
Beim Ausdruckstanz geht es darum, seinen momentanen emotionalen (inneren) Bewegungen durch äußere Bewegungen Ausdruck zu verleihen. Freude, Unruhe, Angst, Depressionen und andere Gefühle können auf diese Weise externalisiert werden, was zu erheblichem Spannungsabbau führt. – Die bekannteste Vertreterin des Ausdruckstanzes ist die Tanztherapeutin, Schamanin und Musikerin Gabrielle Roth. Sie hat fünf Energien des Lebens identifiziert, die man auch in verschiedensten Formen von Musik wiederfinden kann: *Flowing, Staccato, Chaos, Lyrical* und *Stillness*. Im Tanz dieser Rhythmen setzt man sich gleichermaßen mit seinen eigenen Rhythmen und den Rhythmen alles Lebendigen auseinander.

Stress am Arbeitsplatz
Wenn der Chef und die Kollegen nerven

30. Warum fühle ich mich am Arbeitsplatz immer besonders gestresst?

Wenn Sie das Gefühl haben, dass der Stress am Arbeitsplatz besonders hoch ist, dann liegen Sie richtig. Das ist so, weil an diesem Ort viele seelische und soziale Stressoren zusammenkommen und dass wir ihnen über lange Zeiträume ausgesetzt sind – ein Faktor, der bei Stress eine wesentliche Rolle spielt. Am Arbeitsplatz verbringen die meisten Menschen über ein Drittel des Tages – eine Zeit, die bereits grundsätzlich als fremd- und nicht als selbstbestimmt erlebt wird. Allein diese Tatsache erzeugt bei vielen bereits inneren Widerstand. In Zeiten der wirtschaftlichen Rezession nehmen immer mehr Menschen Zweit- und Drittjobs an, um überleben zu können. Diejenigen, die ihre Arbeit ohnehin als Stress betrachten, fühlen sich nun von morgens bis abends unter Druck gesetzt. Die selbstbestimmte (Frei-)Zeit, die der Muße und der Regeneration dienen sollte, schrumpft immer mehr zusammen und das, was übrig bleibt, fällt den Anforderungen der Familie zum Opfer. Denn so sehr man seinen Partner und seine Kinder auch liebt – aus Stressorensicht werden sie bei den Hauptbaustellen des Lebens eingeordnet. Die Erfahrung zeigt: Je mehr sich jemand beruflich gestresst fühlt, desto weniger empfindet er die Familie als Hort der Ruhe, Freude und Regeneration.

In der Firma, im Büro oder hinter einem Ladentisch sind wir den empfundenen Stressoren sehr unmittelbar ausgesetzt und – was die Sache besonders problematisch macht – wir können in der Regel nicht so auf diesen Druck reagieren, wie es in unseren Genen manifestiert ist: mit Kampf oder Flucht. Um das zu verbildlichen: Stellen Sie sich ein Wildpferd vor, das in ein enges, hoch umzäuntes Gehege eingesperrt und dort traktiert wird ... Versetzen Sie sich für einen kurzen Moment in dieses Tier hinein, denn so kann sich eine Person fühlen, die sich gezwungen sieht, einen Großteil ihres Lebens an einem Ort zu verbringen, an dem sie lieber nicht wäre, dort einem Übermaß an Arbeitslast ausgesetzt wird und deren Integrität durch menschenverachtende Umgangsformen permanent verletzt wird.

Statistiken belegen, dass deutsche Unternehmen viel Geld in die Fortbildung ihrer Mitarbeiter investieren. Da gibt es Schulungen in Kommunikation, Mitarbeiterführung, Führungsverhalten und dergleichen. Das verführt zu der Annahme, dass das Betriebsklima in deutschen Firmen vorbildlich sei. Das Buch *Die Weiterbildungslüge* von Richard Gris sagt da etwas anderes und auch meine tägliche Beratungspraxis zeigt, dass wir von zufriedenstellenden Zuständen meilenweit entfernt sind. Ich bin immer wieder betroffen, wenn ich in Beratungssituationen erfahre, welche Bedingungen und Situationen Menschen täglich an ihrem Arbeitsplatz erleben, und es ist gut nachvollziehbar, dass viele sich dort ganz besonders gestresst fühlen.

31. Lässt sich Stress am Arbeitsplatz vermeiden?

Sicherlich lässt sich nicht alles vermeiden, was uns den Nerv raubt. Aber sehr vieles schon – vor allem das, was mit uns selbst zu tun hat, zum Beispiel mit unseren inneren Überzeugungen und unserem Verhalten. Fangen wir gleich mit zwei „Killerphrasen" an, die den idealen Boden bereiten, auf dem weitere Stresspflänzchen sich wie Unkraut ungebremst vermehren und zu wahren Herkulesstauden heranwachsen können.

„Ich muss arbeiten gehen"
Sie glauben, Sie *müssten* arbeiten gehen? *Müssen* Sie nicht! Sie *wollen* es. Der Begriff „müssen" deutet darauf hin, dass wir etwas nicht freiwillig, sondern gezwungenermaßen tun. Und erinnern Sie sich: Stress entsteht genau aus diesem Gefühl heraus, dass wir uns zu etwas gezwungen fühlen, das wir meinen, nicht beeinflussen zu können. Nomen wird hier zu Omen. Vielleicht haben Sie es sich noch nicht klargemacht, aber Ihre Worte schaffen Ihre Realität. Sie werden sich auf Dauer nicht wohlfühlen, wenn Sie sich in inneren oder äußeren Dialogen fortwährend sagen hören, was Sie alles tun *müssen*. Der Druck wächst irgendwann ins Unermessliche.

Schauen wir uns nun an, ob meine provokative Aussage, dass Sie gar nicht arbeiten *müssen*, der Wahrheit entspricht: Niemand zwingt Sie dazu, Ihren Job zu behalten. Sie können ihn jederzeit kündigen. Das *möchten* Sie aber nicht, weil Sie Ihr Haus und Ihr Auto bezahlen wollen, verreisen *möchten* und es Ihnen wichtig ist, Ihrem Kind eine gute Ausbildung zu sichern. All diese Dinge *möchten* Sie, und um sie zu finanzieren, brauchen Sie Geld. Und um dieses Geld zu bekommen, gehen Sie arbeiten. Sie könnten auch kündigen und Hartz IV beziehen, Haus und Auto verkaufen, in eine gemütliche kleine Zweieinhalb-Zimmerwohnung in einer Wohnbausiedlung ziehen und mit dem Bus fahren. Statt auf die Malediven reisen Sie künftig mit einem Bundesbahn Sparticket in den Odenwald. Aber das *möchten* Sie nicht. Sie *möchten* das Geld für einen bestimmten Lebensstandard haben, auf den Sie nicht verzichten *möchten*. Aus diesem Grund *möchten* Sie arbeiten gehen. Sie sind nicht mit einem Fuß am Boden Ihrer Firma festgenagelt. Sie können gehen, wann immer Sie wollen, aber das *möchten* Sie nicht.

Und die Rolle des Arbeitgebers, auf den so viele schimpfen? Ob eine mögliche Verärgerung auf Ihren Brötchengeber berechtigt ist oder nicht – er ermöglicht es Ihnen, zu überleben und sich die Dinge leisten zu können, die Sie sich leisten möchten. Er ist im wahrsten Sinne dieses Wortes Ihr Brötchen-Geber. Viele Firmeninhaber und Führungskräfte können nachts nicht schlafen, weil sie sich (unabhängig von ihrem eigenen Kontostand) Sorgen um das Unternehmen machen, das *Ihren* Job sichert. Sie werden merken, dass Dankbarkeit Stress verringert, wenn Sie sich hin und wieder daran erinnern, dass es Menschen gibt, die viel Risiko, Verantwortung und Mühe auf sich nehmen, um den Arbeitsplatz zu erhalten, der Ihnen so sehr widerstrebt.

Sicherlich ist das ganze Thema sehr komplex, aber Sie werden feststellen, dass Sie sich bereits besser fühlen, wenn Sie die innere Einstellung zu Ihrem Job einmal überdenken und sie mit den positiven Aspekten verbinden, die es in diesem Zusammenhang offenbar auch gibt.

„Arbeit ist blöd, Freizeit ist toll"

Automagnat Henry Ford sagte einmal, dass, egal, ob wir glaubten erfolgreich oder erfolglos zu sein, wir in beiden Fällen vermutlich recht hätten. Er spielte damit auf den spirituell-psychologischen Grundsatz an, dass die Energie den Gedanken folgt. Vielleicht haben Sie auch schon einmal von „selbsterfüllenden Prophezeiungen" gehört. Immer geht es darum, dass sich etwas so entwickelt, wie wir glauben, dass es das tun wird. Auf unser Thema bezogen bedeutet das: Wenn Sie die innere Einstellung haben, dass Arbeit blöd oder etwas Negatives ist, dann wird das auch so sein – weil Sie es sagen! Unser Unterbewusstsein ist immer gleich zur Stelle, wenn es darum geht, uns unsere eigenen Glaubenssätze zu bestätigen. Wir werden, ohne es zu merken, alles tun, damit sich unsere Grundannahmen bestätigen. Indem Sie sich negativ auf eine Sache „programmieren", sorgen Sie dafür, dass Ihr Bewusstsein alle positiven Aspekte ausblendet – Sie nehmen sie gar nicht mehr wahr und schaffen somit eine Realität, die Ihre negativen Einstellungen bestätigt.

Die Yequana-Indianer Südamerikas zeigen, dass das auch anders geht. In ihrer Sprache gibt es kein Wort für unseren Begriff „Arbeit". Es gibt einfach *Dinge, die man tut,* und diese Dinge sind gleichwertig. Sie nehmen in ihrem Bewusstsein keine Wertung in positiv oder negativ vor. Sowohl Zuckerrohrschleppen als auch Schwimmengehen führen sie in einer gleichbleibend freundlichen Stimmung aus. – Dieses Beispiel verdeutlicht, dass wir viel Stress im Zusammenhang mit dem Arbeitsplatz bereits dadurch vermeiden können, dass wir uns verkneifen, Dingen negative Zuschreibungen zu geben und uns stattdessen angewöhnen, sie als „Dinge, die getan werden", mit innerem Gleichmut auszuführen.

Fazit: Viel Stress am Arbeitsplatz lässt sich dadurch vermeiden, dass Sie sich eine positivere Grundeinstellung zu Ihrem Tun aneignen. Mit einer ausgewogenen inneren Haltung haben Sie bereits ein ganzes Stück Gelassenheit in Sachen Stressor-Arbeit erlangt.

32. Kann ich etwas gegen den Stress an meinem Arbeitsplatz tun?

Natürlich gibt es auch Stressoren, denen alleine mit einer anderen inneren Einstellung nicht beizukommen ist, zum Beispiel dem Lärm und der Thermik eines Großraumbüros. Zunächst einmal würde ich dazu raten, die Stressoren zu analysieren, um zu schauen, wo wirklich ein Hase im Pfeffer liegt. Schreiben Sie in einer ruhigen Stunde alles auf, was Sie an Ihrem Job nervt. Machen Sie sich Gedanken zu den einzelnen Stressoren und tragen Sie diese dann in eine Liste nach folgendem Muster ein:

Kann ich eliminieren	Kann ich reduzieren	Kann ich auf gar keinen Fall und in keiner Weise beeinflussen

Schauen Sie sich dann als Erstes die Stressoren in der dritten Spalte noch einmal genau an. Können Sie sie wirklich nicht beeinflussen oder halten Sie vielleicht mangelnder Mut oder soziale Konditionierungen vom Handeln ab? Falls es sich wirklich um nicht beeinflussbare Faktoren handelt, sollten Sie sich fragen, ob es Ihnen möglich ist, Ihre Einstellung zu ihnen zu verändern. Können Sie diesen Status quo akzeptieren oder ist er unerträglich? Falls er tatsächlich inakzeptabel ist, sollten Sie über notwendige Konsequenzen nachdenken.

Wenden Sie sich anschließend den Stressoren der Spalten eins und zwei zu. Nehmen Sie sich jeden Stressor einzeln vor und überlegen Sie im ersten Schritt, auf welche Weise Sie ihn mindern oder auflösen können. Im zweiten Schritt definieren Sie das konkrete weitere Vorgehen.

Kleiner Tipp dazu: Erledigen Sie solche inneren Aufarbeitungen grundsätzlich mit Hilfe von Stift und Papier. Unsere Gedanken sind meist unkoordiniert und aus der Hirnforschung wissen wir, dass unsere mentale Kapazität darauf beschränkt ist, maximal sieben verschiedene Faktoren gleichzeitig im Fokus zu behalten. Die Ordnung auf dem Papier wird Ordnung in Ihre Gedankenströme bringen und Ihnen Entscheidungen, Prioritätensetzungen und Planungen erleichtern. Indem Sie Ihre inneren Einstellungen überprüfen und parallel dazu die vorstehende Systematik zur Stressorenreduzierung anwenden, sind Sie Ihrer persönlichen Stressbewältigung schon ein ganzes Stück näher gekommen.

33. Gibt es Übungen, die ich auf der Arbeit machen kann, wenn ich in Stress gerate?

Es gibt einige „Erste Hilfe-Maßnahmen" bei akutem Stress, die sich bewährt haben. Ich habe sie bei der Frage (16) nach Tipps zur sofortigen Beruhigung auf Seite 25 aufgeführt. Bitte lesen Sie dort noch einmal nach.

Stress und Angst
Stress reduzieren heißt Ängste reduzieren

34. Stehen Angst und Stress in Verbindung?

Das tun sie in der Tat. Die beiden Faktoren sind zwar ein unseliges Paar, aber wir können das eine leider nicht ohne das andere haben: Angst verursacht Stress und Stress wiederum fördert Ängste. Damit wird klar, dass wir es hier mit einem Circulus vitiosus zu tun haben.

Unsere menschliche Spezies ist mit einem sogenannten *Angstsystem* ausgestattet. Als wir diese Erde betraten, war die reale Bedrohung des Überlebens noch sehr groß. Dieses System versetzte den frühen Menschen in Bruchteilen von Sekunden in die Lage, bei Gefahr entweder zu kämpfen oder zu flüchten. *Fight-or-flight-Response* nannte der amerikanische Physiologe Walter Cannon (1871-1945) diesen Mechanismus. Angst hat viel mit dieser Reaktion zu tun, denn die Angst vor einem Wolf beispielsweise hat augenblicklich die Generalmobilmachung des Körpers ausgelöst, in deren Folge der Bedrohte entweder flüchten oder sich gegen das Tier zur Wehr setzten konnte.

Der Homo sapiens bewegt sich schon lange nicht mehr keulenschwingend durch die Pampa, aber auch bei uns als seinen Nachfolgern im modernen Leben des 21. Jahrhunderts funktioniert der Körper auf diese archaische Weise. Im Gegensatz zu unseren Ahnen können wir in den meisten Situationen, die uns im täglichen Leben begegnen, weder kämpfen noch flüchten. In gewisser Weise ist dieser Mechanismus überholt – oder präziser ausgedrückt: Wir sollten lernen, ihn so zu nutzen, dass er hilfreich für uns ist, anstatt uns zu schaden.

Der menschliche Körper verfügt noch über ein weiteres System, das in der Fachsprache als *Körpergedächtnis* bezeichnet wird: Er lernt aus Erfahrungen, gleicht spätere Situationen mit diesen Erkenntnissen ab und reagiert entsprechend. So intelligent diese Abläufe auch zu sein scheinen – sie weisen einige Schwachstellen auf. Wird der Kampf-oder-Flucht-Mechanismus nämlich zu oft aktiviert, lernt der Körper, gewohnheitsgemäß auf alles, was ihm begegnet, in dieser Art und Weise zu reagieren. Das Angstsystem für Notfälle wird quasi zu einer Lebensweise. In solch einem überreizten Zustand findet nur noch wenig bis gar keine realitätsbezogene Bewertung einer Sachlage mehr statt. Dabei ist die Funktion einer Bewertung durchaus vorgesehen, denn zusätzlich zum Mechanismus der Notfall-Reaktion verfügt der Mensch in einem anderen Teil seines Gehirns über ein *Ausgleichssystem* mit der Fähigkeit zu differenzieren, ob etwas wirklich bedrohlich ist – oder eben nicht. Diese Differenzierung macht den Unterschied aus zwischen *Reaktion* und *Aktion*, zwischen automatischem Reagieren und überlegtem, selbstbestimmtem Agieren.

Wir haben es also hier mit zwei verschiedenen Fertigkeiten unseres übergeordneten Steuerorgans zu tun, die einander ergänzen beziehungsweise sich unterstützen (sollen). Im Normalfall koordinieren sie unser situationsangemessenes Denken, Fühlen und Handeln. Soweit die Theorie. Wird das Angstsystem jedoch häufig und über einen langen Zeitraum gereizt, führt das früher oder später und mehr oder weniger intensiv zu den Gefühlen und körperlichen Symptomen, die wir als Stress bezeichnen.

Fazit: Je mehr das Angstsystem aktiviert wird, desto mehr Stress empfinden wir, und je öfter und tiefgreifender wir uns unter Stress fühlen, desto mehr wird das Angstsystem aktiviert.

35. Mindert es meine Ängste, wenn ich lerne, meinen Stress zu bewältigen?[5]

Zur Beantwortung dieser Frage möchte ich noch einmal zusammenfassen, was Sie bisher erfahren haben:

···> Angst und Stress stehen in engem Zusammenhang.

···> Stress hat in hohem Maß mit dem zu tun, was in unserem Kopf abläuft, mit unserem Selbst- und Weltbild und damit, wie wir Dinge bewerten und mit ihnen umgehen.

···> Sie können lernen, das zu steuern, was in Ihrem Bewusstsein abläuft, und indem Sie das tun, verbessern Sie die Qualität Ihrer Gedanken – und in Folge dessen die Qualität Ihres Fühlens und Handelns. Die Konsequenz daraus sind mehr Gelassenheit und eine Abnahme von Stress und Angst.

Anders ausgedrückt: Wenn Sie Ihren Stress reduzieren, reduzieren Sie parallel dazu auch Ihre Ängste, denn obwohl die Angst-Stress-Reaktionen automatisch ablaufen, können sie durch gezielte Maßnahmen von außen positiv beeinflusst werden. Chronischer Stress ist eine chronische Übererregung des körperlichen Angstsystems. Je mehr die Funktionen des Ausgleichssystems unterstützt werden, umso mehr reduzieren sich die Angstreaktionen.

---

5 Die Ausführungen zu dieser Frage beziehen sich auf psychisch gesunde Menschen, die temporär und situationsbezogen mit Stress und Angst zu tun haben. Sie gelten für Personen mit therapeutisch behandlungsbedürftigen Angstneurosen oder Ähnlichem jedoch nur bedingt.

36. Gibt es eine spezielle Methode, die besonders effektiv Stress und Angst senken kann?

Grundsätzlich vermindern sich Ängste in dem Maße, wie Stress reduziert wird. Im Vorstehenden habe ich bereits mehrmals darauf hingewiesen, dass eine Methode für sich genommen nicht den durchschlagenden Erfolg bringen kann. Es ist ein Mix aus Methoden, Strategien und neuen Denkmustern und Verhaltensweisen, der wirklich gute Resultate zeigt.

Ein Ansatz, der all dies beinhaltet und nach dem wir in unserem Fachzentrum arbeiten, ist die *Stressbewältigung durch Achtsamkeit,* die im deutschsprachigen Raum als *MBSR (Mindfulness Based Stress Reduction)* bekannt ist. Entwickelt wurde sie von dem Arzt Prof. Dr. Jon Kabat-Zinn. Inzwischen wurde diese Methode medizinisch gut erforscht und hat sich in der von Kabat-Zinn gegründeten Stressbewältigungs-Klinik in Massachusetts an Zehntausenden Teilnehmern bewährt. Hauptelemente sind die achtsame Wahrnehmung des Körpers in Ruhe (Bodyscan), die achtsame Wahrnehmung des Körpers in Bewegung (leichte Yoga-Übungen), die achtsame Wahrnehmung von Gedanken, Körpergefühlen und Emotionen, Meditation im Sitzen und Meditation im Gehen. Weitere Schwerpunkte sind Kurzvorträge und Erfahrungsaustausch zu den Themen Stress, Umgang mit Gefühlen, Umgang mit dem Körper und achtsame Kommunikation.

37. Verliere ich die Kontrolle, wenn ich mich entspanne?

„Aber wenn ich in der Meditation still bin und nicht denke, dann kommt ja die ganze Scheiße nach oben", so ein Klient im Coaching. Eine Absolventin in der Ausbildung zur Stressbewältigungs- und Entspannungstherapeutin beschrieb sich selbst als *mentalen* Typ und fragte: „Für mich gilt: Ich denke, also bin ich! Wenn ich in der Meditation oder in der Entspannung nicht denken soll, was bleibt dann noch von mir übrig?" Solche Aussagen höre ich öfter und sie weisen auf eine weitverbreitete Angst von mangelnder Einflussnahme hin. In wissenschaftlichen Untersuchungen wurde festgestellt, dass vor allem Menschen unter Panik zu der Angst neigen, die Kontrolle zu verlieren. Diese Angst ist ein passendes Beispiel für eine der real nicht vorhandenen Bedrohungen, die wir uns in unserem Bewusstsein selbst konstruieren, denn weder Entspannungstechniken noch Meditation gehen mit Kontrollverlust einher. Ganz im Gegenteil. Da diese Befürchtung von Unerfahrenen aber öfter geäußert wird, werden wir uns das Thema einmal näher anschauen.

Vertrauen ist gut, Kontrolle ist besser. Gegen diese alte Volksweisheit ist im Grunde nichts einzuwenden. Aber wie so oft im Leben macht auch hier das Maß den Unterschied zwischen gesund und pathologisch. Problematisch wird es nämlich dann, wenn bei der Kontrolle das gesunde Maß verloren wird. Da dies bei unserer Spezies offenbar öfter der Fall ist, ist Kontrolle ein bedeutendes Thema in Psychoanalyse und Psychotherapie – und sie steht in engem Zusammenhang mit Stress. Wie Sie bereits wissen, ist Stress das Gefühl, sich einer Situation ausgeliefert zu fühlen, die man glaubt, wenig oder gar nicht beeinflussen zu können. Man hat also das Gefühl, nicht „Herr der Lage" zu sein, das Gefühl mangelnder Einflussnahmemöglichkeit, das Gefühl entglittener oder entgleitender Kontrolle. Je größer demnach das Kontrollbedürfnis ist, das jemand von Hause aus hat, desto größer ist auch sein empfundener Stress angesichts mangelnder Einflussnahme. Im meditativen, entspannten Zustand gibt es jedoch nichts zu tun, nichts zu denken und schon gar nichts zu kontrollieren. Dafür gibt es jenseits jeglichen *Tuns* die Erfahrung reinen *Seins.* Die Entspannung tritt eben gerade dadurch ein, dass wir loslassen können, dass wir erleben, in der Meditation mit jeder Einzelheit unseres Lebens im Einklang sein zu können, egal, ob wir sie als positiv oder negativ bewerten. Diese Erfahrung des Stillseins, des Nichttuns zeigt uns, dass es einen Zustand jenseits von Kontrolle gibt, der sich viel besser anfühlt als die Anstrengung, jederzeit auf alles Einfluss nehmen zu müssen. Mit zunehmender Übung wird dieser Zustand *heiter gelassenen Gewahrseins,* wie ich ihn gerne nenne, zu einer neuen Lebenshaltung. Sie erlangen mehr Vertrauen in Ihre eigenen Fähigkeiten und ins Leben schlechthin. Angst vor Chaos, Angst vor Vergänglichkeit und Wandlung, Angst vor scheinbarem Versagen und Angst vor eigenen verdrängten Wesensanteilen kann in den Kontrollwahn und damit in den Stress treiben. Entspannungsverfahren und Meditation lockern Kontrolle und setzen an ihre Stelle Selbsterkenntnis und Gelassenheit. Sie werden sich in der Sicherheit einer Ordnung wiederfinden, die der Psychoanalytiker Fritz Riemann (1902-1979) in seinem Buch *Grundformen der Angst* folgendermaßen beschrieben hat: „Wären wir uns dieses Eingegliedertseins in kosmische Ordnungen bewusster, fänden wir ein Ordnungsprinzip in uns vor, das über allen Ideologien stände, weil es nicht von Menschen erdacht wurde und zugleich die fundamentale Bedingung für unsere Existenz und unseren Lebensraum ist."

38. Sollte ein Arzt Stressbewältigungsmaßnahmen begleiten, wenn ich unter Angststörungen leide?

Wenn Sie nach ärztlicher Diagnose als gesund gelten, ist das nicht nötig – es sei denn, es gibt Ihnen selbst zusätzliche Sicherheit. Allerdings sollten Sie dabei etwas berücksichtigen, was uns als Stressbewältigungs- und Entspannungstherapeuten und Stress-Coaches manchmal Schwierigkeiten bereitet: Ärzte haben in der Regel wenig bis gar keine Ahnung von Stressbewältigung, Entspannungsmethoden und Meditation – und normalerweise sind sie schon gar keine Spezialisten auf diesen Gebieten. Wir stellen leider immer wieder fest, dass Ärzte – anstatt mit entsprechenden Spezialisten zu kooperieren – Kommentare, Einschätzungen und Bewertungen abgeben, die nicht den Tatsachen entsprechen. Möchten Sie sich also ärztlich begleiten lassen, dann fühlen Sie

Ihrem Therapeuten gründlich auf den Zahn und erkundigen Sie sich bei ihm, über wie viel Wissen und mögliche eigene Erfahrung mit Stressbewältigung und Meditation er selbst tatsächlich verfügt – oder ob er, falls das nicht der Fall ist, bereit wäre, mit Fachleuten auf diesem Gebiet zusammenzuarbeiten.

Bei Klienten, die sich in psychotherapeutischer oder psychiatrischer Behandlung befinden oder die schon einmal eine entsprechende Ziffer nach ICD10[26] bekommen haben, würde ich keinen Stressbewältigungs-Kurs oder ein Stress-Coaching ohne Begleitung durch den zuständigen Arzt durchführen und würde auch einem Betroffenen dringend dazu raten, sich von seinem Behandler in dieser Sache zur Seite stehen zu lassen.

---

6 ICD10 (International Statistical Classification of Diseases) ist ein weltweit anerkanntes medizinisches Diagnoseklassifikationssystem, das von der Weltgesundheitsorganisation herausgegeben wird. Jeder Diagnose wird vom Arzt eine bestimmte Ziffer zugeordnet.

Kinder im Stress
Kinder im Spannungsfeld von Schul- und Medienstress

39. Es wird doch immer von der unbeschwerten Kindheit geredet.
Haben Kinder wirklich Stress?

Gab es sie jemals wirklich, die unbeschwerte Kindheit, oder handelt es sich dabei um einen Mythos? Nach meiner Kenntnis und Erfahrung kommt es darauf an, aus welcher Perspektive oder vor welchem Hintergrund man diese Frage betrachtet. Aus eigener Sicht würde ich sagen, es gab sie und es gab sie nicht. Ich als Mädchen musste mir damals ein Zimmer mit zwei jüngeren Brüdern teilen. Diese Situation beinhaltete bereits einiges an Konfliktpotenzial, und dass ich mein Bedürfnis nach Zurückgezogenheit nicht leben und meine Spielsachen nicht vor den Zugriffen meiner Brüder schützen konnte, hat mich oft ebenso unter Stress gesetzt wie die zeitweiligen Streitigkeiten der Eltern. Es gab da noch einiges, das ich als belastend empfunden habe und dem ich mich in der Kindheit nicht entziehen konnte. Andererseits gab es kaum Fernsehen, weder Internet noch andere elektronische Medienangebote, und so verbrachten wir als Kinder fast unsere gesamte Freizeit im Freien beim Spielen und Toben mit anderen. Dadurch haben wir viel inneren Druck abbauen können. Das Anschauen schöner Bilderbücher beruhigte den Geist und im Nachspielen realer Lebenssituationen mit Puppen haben wir vermutlich viele Geschehnisse des Alltags psychisch verarbeitet. Meine Mutter ging nicht arbeiten und war immer da, wenn es Probleme gab oder wir einfach nur einen Ansprechpartner brauchten. Der Stress, den wir bisweilen empfunden haben, fand in der Regel einen gesunden Ausgleich.

Heute ist vieles anders. Oft müssen die Mütter zum Lebensunterhalt beitragen (oder ihn sogar alleine erbringen) und die Kinder sind dadurch viel sich selbst überlassen. Das Leben ist schnelllebiger und komplexer geworden, die wirtschaftliche Lage hat sich verschärft und schürt Ängste bei den Eltern, die sich auf die Kinder übertragen. Spätestens seit PISA hat der Druck auf die Kinder, noch längere tägliche Unterrichtszeiten aussitzen und noch mehr Lernstoff verarbeiten zu müssen, stark zugenommen.

Meine jüngste Tochter ist zehn Jahre alt und besucht derzeit die fünfte Klasse eines Gymnasiums. Sie verlässt das Haus um 7.30 Uhr und wenn sie um 13.30 Uhr wieder zu Hause ist, hat sie bereits einen sechsstündigen Arbeitstag hinter sich. Die Hausaufgaben umfassen meistens zwei Stunden und wenn sie für eine Arbeit lernen muss, kann das auch mal länger werden. Im Schnitt arbeitet mein zehnjähriges Kind also acht Stunden am Tag – genauso viel wie ich. Für meinen Geschmack ist das eindeutig zu viel.

Elektronische realitätsferne Unterhaltungsmedien setzen die noch in Entwicklung befindlichen jungen Gehirne einer massiven psychisch nicht verarbeitbaren Reizüberflutung aus. Gameboy, Tamagotchi und Co. ersetzen vielfach reale Spielpartner und Bezugspersonen aus Fleisch und Blut, was zu einer Unterentwicklung kognitiver Fähigkeiten und sozialer Kompetenzen führt, die für das Gefühl einer Selbstwirksamkeit wichtig wären. Bei vielen Kindern fehlen das Selbstwertgefühl und die familiären und sozialen Schutzfaktoren, um Stress angemessen verarbeiten zu können.

Ich kann die Situation der Kinder im 21. Jahrhundert hier nur andeuten. Auch wenn ich das Ganze nicht dramatisieren möchte, wäre es doch sicherlich unrealistisch und verklärt, heutzutage von einer sorglosen, unbeschwerten Kindheit zu sprechen. Wenn wir über Stress reden, dann denken wir dabei meist an Erwachsene, aber es ist eine Tatsache, dass auch Kinder Stress haben, und diese Tendenz scheint sich zu verstärken. Einer Studie des Robert-Koch-Instituts zur Kinder- und Jugendgesundheit zufolge zeigen bereits 15 Prozent aller Kinder von der Norm abweichende psychische Auffälligkeiten. Tragischerweise sind die Betroffenen immer jünger.

40. Was stresst mein Kind?

Zunächst einmal: Der Stressor des einen Kindes muss nicht unbedingt der Stressor eines anderen sein. Was den einen bedrückt, kratzt den anderen möglicherweise gar nicht. Außerdem verarbeiten Kinder ebenso wie Erwachsene belastende Eindrücke sehr individuell. Wie Stress bewältigt wird, hängt vom psychologischen Grundtypus ab, von den Erfahrungen der bisherigen Lebensjahre und von der derzeitigen Lebenssituation und den Lebensumständen. Wurde dem Sprössling die Möglichkeit gegeben, ein realistisches Selbstbild und ein gesundes Selbstwertgefühl zu entwickeln und hatte er im Umgang mit schwierigen Situationen in seinen Bezugspersonen gute Vorbilder, wird er Herausforderungen eher anspornend als stressend empfinden.

Grundsätzlich haben Kinder innere und äußere Stressoren. Da sind Konkurrenz- und Leistungsdruck in der Schule, vielfältige Freizeitangebote, zunehmende Bewegungsarmut, breitgefächerte Medienangebote, reichhaltige Konsummöglichkeiten, die zu immer neuen Wünschen und Interessen führen, Streitigkeiten und Spannungen in der Familie und mit Freunden und schließlich die innere Auseinandersetzung mit dem heranwachsenden, sich entwickelnden Selbst und seiner Rolle in Familie und Gesellschaft. Meist handelt es sich nicht um ein spezielles Belastungsereignis, sondern der Stress entsteht, wenn verschiedene Belastungen zusammenkommen.

Einer der Hauptstressoren stellt für viele Kinder die Erwartungshaltung der Eltern dar. In einer Zeit knapper werdender Arbeitsplätze kann eine höhere Schulbildung eine solide Basis für einen späteren interessanten und gut bezahlten Job sein. Eltern, die das Beste für ihre Kinder wollen – und welche Eltern wollen das nicht!? –, üben deshalb manchmal absichtlich oder unabsichtlich einen gewissen Druck auf die Youngsters aus, in der Schule gute Leistungen zu erbringen. So kann sich der Fokus mancher Eltern bisweilen unmerklich von der Freude ihres Kindes, zu lernen, Neues zu erfahren und sich zu entwickeln, auf die Endnoten unter den Klassenarbeiten reduzieren. Die Erwartungshaltungen der Eltern müssen nicht direkt geäußert werden – Kinder sind vielmehr wie Seismografen, die diese Schwingungen aufnehmen und unbewusst innere Antreiber daraus entwickeln, die sie unter Stress setzen.

41. Wirkt sich Stress auf die Lernfähigkeit von Kindern aus?

Versuche an Laborratten und -mäusen lassen tatsächlich vermuten, dass Stress dumm macht. Wissenschaftler haben Jungtiere unter Stress gesetzt und bei der späteren Untersuchung des Gehirns eine reduzierte Synapsenbildung festgestellt. Ein weiteres Forschungsergebnis zeigt, dass anhaltender Stress den Aufbau von Nervenzellen stört und damit das Gehirn dauerhaft schädigen kann.

Unabhängig von den Veränderungen im Gehirn wirkt sich Stress schädigend auf das körperliche Immunsystem aus. In Folge einer reduzierten Abwehrlage sind die betroffenen Kinder öfter krank, fühlen sich schwach und müde und haben insgesamt ein eingeschränktes Wohlbefinden. Dass solch ein Zustand nicht lernfördernd ist, liegt auf der Hand.

42. Woran merke ich, dass mein Kind Stress hat?

Beginnen wir mit einem wichtigen Hinweis: Ihr Stress ist nicht der Stress Ihrer Kinder! In der Beratung erleben wir oft, dass Eltern dazu neigen, ihr eigenes Stressempfinden auf ihre Kinder zu projizieren. Bemühen Sie sich deshalb um bestmögliche Objektivität, wenn Sie die Stressbelastung Ihres Kindes beurteilen möchten. Die Beobachtung des Kindes sollte über einen längeren Zeitraum hinweg erfolgen. Außerdem sollten Sie darauf achten, in welchen Situationen Ihr Kind auffällig reagiert. Die unten stehenden Parameter *müssen nicht, können* aber ein Hinweis auf Stress sein. Eine Tabelle kann Sie dabei unterstützen, Ihre Beobachtungen festzuhalten und auszuwerten.

Auffälligkeit	Wie oft?	In welchen Situationen?

Achten Sie bei Ihrem Kind auf folgende Besonderheiten:
- ⇝ auffälliges Essverhalten (Appetitlosigkeit / permanente Esslust);
- ⇝ Kopfschmerzen;
- ⇝ Bauchschmerzen (auch Übelkeit);
- ⇝ Erschöpfung / Müdigkeit / Antriebslosigkeit;
- ⇝ Nagelkauen;
- ⇝ Weinen;
- ⇝ Tagträumerei;
- ⇝ Schulunlust;
- ⇝ Zurückgezogenheit;
- ⇝ abweisendes Verhalten;
- ⇝ Wut / Aggression / Reizbarkeit;
- ⇝ Ängstlichkeit;
- ⇝ Schulnotenverschlechterung;
- ⇝ Schlafstörungen;
- ⇝ Einnässen.

43. Wie kann ich mein Kind darin unterstützen, mehr zur Ruhe zu kommen?

a) Vorbild sein
In erster Linie: Seien Sie ein gutes Vorbild, denn eine der kindlichen Lernstrategien besteht in Nachahmung. Kinder orientieren sich in hohem Maße an dem, was sie bei ihren Eltern sehen und erleben. Wenn Sie selbst ein Nervenbündel sind, können Sie kaum erwarten, ein ausgeglichenes Kind zu haben.

b) Gemeinsamer Entspannungskurs
Je nachdem, in welchem Alter Ihr Kind ist, bietet sich eine gemeinsame Stressbewältigung an. Wir machen in unseren Kursen gute Erfahrungen damit, wenn Mutter oder Vater gemeinsam mit dem Sprössling entspannen lernt. Ein gemeinsames Ziel zu haben, Erfolge und Misserfolge miteinander zu teilen und gegenseitige Schwächen und Stärken zu erleben, kann beide ein ganzes Stück näher bringen.

c) Zuhören, nicht hinhören

Hören Sie nicht nur hin, sondern zu, wenn Ihr Kind Ihnen etwas erzählen möchte. Wenn Sie im Moment verhindert sind, teilen Sie Ihrem Kind das mit und verabreden Sie mit ihm eine konkrete Uhrzeit für ein gemeinsames Gespräch.

d) Gemeinsam aktiv einkaufen

Beziehen Sie das Kind aktiv in tägliche Verrichtungen mit ein.
Planen Sie den Einkauf gemeinsam und lassen Sie das Kind den Zettel schreiben. Lassen Sie Ihr Kind selbst bestimmte Nahrungsmittel in den Regalen finden. Mit Preisen und Gewichtsangaben lassen sich spontan spielerische kleine Rechenaufgaben entwickeln.

e) Zusammen kochen

Planen Sie die Mahlzeiten zusammen und beziehen Sie das Kind ins Kochen mit ein. Lassen Sie Ihr Kind auch mal selbst ein Rezept ausprobieren und bleiben Sie dabei lediglich hilfreicher Beobachter.

f) Unternehmungen mit Bewegung

Machen Sie Ausflüge, die Bewegung beinhalten, zum Beispiel Spazierengehen, Radfahren, Schwimmengehen, Joggen, Skaten oder Fußballspielen.

g) Rituale entwickeln

Entwickeln Sie feste Rituale, im Rahmen derer Sie Ihrem Kind ungeteilte Aufmerksamkeit schenken können, zum Beispiel ein Abendgespräch vor dem Zubettgehen oder ein Gebet, bei dem möglichst auch beide Elternteile gemeinsam mit dem Kind beten.

h) Ein Hobby teilen

Vielleicht finden Sie ein Hobby, an dem Sie und Ihr Kind gleichermaßen Freude haben. Meine jüngste Tochter zum Beispiel wollte bereits reiten, als sie noch so klein war, dass sie fast unter einem Pferd hindurchlaufen konnte. Seitdem bestimmen Pferde und Reiten ihr Leben. Um ihr und ihrem Hobby nahe zu sein, habe ich ebenfalls Reiten gelernt. So haben wir jenseits vom Alltagstrott immer spannende entspannende Gespräche über das, was wir beide gerne tun. Und da sie öfter reitet als ich, konnte sie mir bereits einiges beibringen.

i) Frustrationstoleranz entwickeln

Unterstützen Sie Ihr Kind beim Entwickeln von Frustrationstoleranz. Machen Sie ihm klar, dass man nicht jedes Ziel erreichen kann, das man sich setzt, und dass das auch kein Problem ist. Vermitteln Sie Ihrem Sohn oder Ihrer Tochter, dass es keine

Niederlagen oder Rückschläge gibt, sondern lediglich Resultate, aus denen man etwas lernen kann. Auch wenn Sie enttäuscht sind, wenn Ihr Sprössling mit einer Vier in Mathe nach Hause kommt ... würdigen Sie seine Bemühungen.

j) Wutkultur vermitteln

Wenn Ihr Kind etwas getan hat, das Sie wütend gemacht oder enttäuscht hat, stellen Sie klar, dass Sie *die Tat* ablehnen und nicht das Kind als Person.

In einer entspannten Atmosphäre kann sich ein Kind viel besser öffnen und wird eher geneigt sein, Probleme anzusprechen als bei einer Unterhaltung „unter vier Augen". Nicht ganz so spektakulär, aber ebenfalls wichtig sind Möglichkeiten und Zeiten für Ruhe und Zurückgezogenheit. Vielleicht suchen Sie in einer Buchhandlung nach Meditationsmusik, altersangepassten CDs mit Phantasiereisen oder Entspannungs-CDs für Kinder.

Wenn Sie nur einige dieser Möglichkeiten in die Tat umsetzen, haben Sie bereits viel dafür getan, dass Ihr Nachwuchs „cool drauf ist".

44. Gibt es spezielle Stressbewältigungsmaßnahmen oder Entspannungsmethoden für Kinder?

Ich möchte hier zunächst eine Differenzierung zwischen Stressbewältigung und Entspannung vornehmen. Wie bereits mehrfach betont, ist Stressbewältigung ein komplexes Geschehen, das verschiedene Aspekte des Lebens umfasst. Um entsprechende Maßnahmen umsetzen zu können, erfordert es kognitive Fähigkeiten, die bei Kindern noch nicht in ausreichendem Maße ausgebildet sind. Deshalb setzt man bei Kindern eher Entspannungsverfahren ein, die in zielgerichtete und unzielgerichtete Maßnahmen unterschieden werden können.

Unzielgerichtet ist zum Beispiel das Anhören von Entspannungsmusik oder Phantasiereisen. Zielgerichtet bedeutet das systematische Einüben bestimmter Techniken. Die bekanntesten und bewährtesten Vertreter dieser Richtung sind die Entspannungsverfahren *Autogenes Training* und *Progressive Muskelentspannung nach Jacobson*, die beide auch gut für Kinder geeignet sind. Durch regelmäßiges Praktizieren lernt der Körper – auf wenige Signale hin – innerhalb kürzester Zeit einen optimalen Entspannungszustand herzustellen. Man spricht in diesem Zusammenhang auch von *Konditionierung*, denn ähnlich wie beim Radfahren, Schwimmen oder Zehn-Finger-Maschine-Schreiben verlernt man die Technik nicht mehr, wenn man sie erst einmal verinnerlicht hat.

Es gibt darüber hinaus noch andere Möglichkeiten zur Entspannung, die besonders für die bewegungsfreudigeren jungen Zeitgenossen geeignet sind. Ich denke dabei vor allem an Yoga, Tai Chi und Qigong. Auch hier gibt es spezielle Kurse für Kinder.

Grundsätzlich sollten Sie wissen, dass Bewegung Stress senkt, indem sie das Stresshormon Adrenalin abbaut. Eine der wirkungsvollsten „Methoden" zur Stressbewältigung ist deshalb, Ihr Kind zum Spielen und Toben nach draußen zu schicken.

45. Ist es sinnvoll, einem gestressten Kind Medikamente verschreiben zu lassen?

Kinder und Medikamente sind für mich ein heißes Eisen. Ich habe den Eindruck, dass der Trend zunimmt, Kindern schnell Medikamente verschreiben zu lassen. Ist ein Kind zappliger, als die Eltern es ertragen können, sind sie schnell beim Arzt. Der kann pro Patient systembedingt nur drei Minuten abrechnen, ist deshalb ebenso schnell mit der Diagnose ADS oder ADHS[7] zur Hand und verschreibt entsprechende Medikamente. Vielleicht ist das etwas plakativ dargestellt – eine Seltenheit ist dieses Szenario jedoch leider nicht.

Ich halte es für sinnvoll, wenn Sie es zunächst einmal mit den Tipps versuchen, die ich in diesem Buch vorgeschlagen habe. Zeigt das Kind dann immer noch massive Verhaltensoriginalitäten, könnten Sie es mit der Gabe von *Bachblüten* versuchen, ehe Sie mit Kanonen auf Spatzen schießen. Es gibt etliche Heilpraktiker, die damit arbeiten, und auch ich erziele mit Bachblüten seit über zwei Jahrzehnten gute Erfolge. – Bedenken Sie bei dieser Frage bitte auch Folgendes: Wenn Sie mit Ihrem Kind zum Arzt gehen, es eine Diagnose und Medikamente erhält, ist es stigmatisiert. Es wird quasi zu einem Menschen mit einer Krankheit abgestempelt, und die F9er-Ziffer (psychische Störungen) nach ICD10 bleibt in der Akte der Krankenkasse erhalten. Das Credo „Ich bin krank" oder „Ich habe diese oder jene *Krankheit*" sollte einem jungen Menschen nach Möglichkeit erspart bleiben.

46. Fördern Internet und Fernsehen den Stress von Kindern?

Nicht grundsätzlich, aber auch hier macht – wie in der Naturheilkunde – die Dosis aus, wann etwas zu Gift wird. Der Umgang mit einer zweidimensionalen, auf Bildschirmgröße reduzierten Welt hat verschiedene Aspekte, und es würde den Rahmen dieses Buches sprengen, diese hier alle zu diskutieren. Es gibt jedoch einige grundle-

---

7   ADS / ADHS = Aufmerksamkeitsdefizit-/Hyperaktivitätsstörung. Eine psychische Störung, die sich durch Probleme mit der Aufmerksamkeit, Hyperaktivität und Impulsivität auszeichnet. Sie wird meist medikamentös behandelt.

gende Gesichtspunkte, über die Sie Bescheid wissen sollten, denn wenn elektronische Medien Stress auch nicht *direkt* verursachen – *indirekt* können sie ihn fördern.

Da ist zunächst einmal der *Bewegungsmangel*, verursacht durch die stundenlange Regungslosigkeit vor einer Mattscheibe. Kinder und Jugendliche sind von Hause aus sehr bewegungsfreudig. Wenn sie zu viel Zeit vor dem Computer oder dem Fernseher verbringen, stauen sich überschüssige Energien und Aggressionen, was inneren Druck verursacht. Wie das aussehen kann, habe ich vor einem Jahr in den eigenen vier Wänden erlebt. Meine Tochter hatte von ihrem Vater einen Laptop geschenkt bekommen. Eines Tages sah ich zufällig, wie die damals Neunjährige wütend auf das Gerät einschlug. Der Computer war ohne meine Billigung angeschafft worden und ich war noch nicht geübt darin, wahrzunehmen, wie viel Zeit sie davor verbrachte. In den folgenden Tagen beobachtete ich das genauer und konnte feststellen, dass sie umso aggressiver und gestresster wurde, je mehr Zeit sie mit Computerspielen verbrachte – wobei es sich um gänzlich gewaltfreie Spiele handelte. Die Beobachtung des Zusammenhangs zwischen langem Fernsehen und Computerspielen und Aggressivität wird mir immer wieder von Eltern bestätigt und auch die Wissenschaft erforscht inzwischen zunehmend dieses Phänomen. Ob die Bewegungsreduktion für sich genommen Stress auslöst oder nicht: auf jeden Fall verhindert sie den Spannungsabbau, der sonst durch körperliche Aktivität wie Spielen und Herumtoben erfolgt.

Ein weiterer Aspekt sind die Auswirkungen auf das Gehirn von Kindern. Der Neurowissenschaftler Prof. Manfred Spitzer mahnt zum Beispiel, Kinder nicht zu früh elektronischen Bildschirmmedien auszusetzen. Seine Untersuchungen haben gezeigt, dass vor allem bei jungen Kindern, deren Gehirne sich noch in Entwicklung befinden, schwere Störungen beim Aufbau der Hirnstrukturen durch die Konfrontation mit diesen Medien entstehen. Das menschliche Hirn lernt durch die Erfahrungen, die es mittels sinnlicher Wahrnehmungen in Form von Hören, Schmecken, Riechen, Tasten und Sehen macht. Die Verarbeitung dieser Impulse erfolgt unmittelbar und somit zeitgleich. Beim Fernsehen oder bei Computerspielen fehlen diese sinnlichen Erfahrungen – sie werden durch visuelle Bildschirmpixel und elektronisch erzeugte, künstliche Töne ersetzt. Wenn die Eindrücke nicht realitätskonform, die einzelnen Kanäle also zeitlich nicht exakt aufeinander abgestimmt sind – und dafür reichen bereits Verschiebungen von Millisekunden –, werden im Gehirn Irritationen erzeugt. Das Ergebnis ist, dass Sinneseindrücke und Erlebtes nicht richtig verarbeitet werden können, was Störungen in den differenzierteren Hirnregionen zur Folge hat – beziehungsweise, dass diese Strukturen bei kleineren Kindern gar nicht erst adäquat aufgebaut werden. Durch das, was im Kopf von Kindern bildschirmbedingt verursacht wird, wird die spätere Entwicklung des Gehirns beeinträchtigt. Dem Kind wird eine zweidimensionale Realität vorgegaukelt, die nicht die Wirklichkeit ist. Eine völlig neue Dimension des Begriffes „Lost in Cyberspace". Spitzer weist zudem darauf hin, dass die so verarbeiteten Erfahrungen gestörte Strukturbildungen im Gehirn zur Folge haben, was in späteren Jahren zu Aufmerksamkeitsstörungen und Stress-Symptomen führen kann.

Ebenfalls bedenklich ist die soziale Komponente. Bei Kindern, die mehr Zeit vor Bildschirm-Medien verbringen, anstatt mit Freunden zu spielen und sich mit ihnen auseinanderzusetzen, verkümmern die sozialen Kompetenzen. Wie das schlimmstenfalls aussehen kann, wurde vor Kurzem in einer Fernsehsendung über den Umgang mit elektronischen Medien in China gezeigt. Drei Mädchen im Alter von zirka zwölf Jahren trafen sich in einem Eis-Café. Nachdem sie sich begrüßt und sich einen Eisbecher bestellt hatten, holte jedes der Mädchen ihr Handy aus der Tasche und begann die kleinen Tasten zu befingern: Es wurden SMS verschickt, Musik heruntergeladen und die aktuellen Sternzeichenenergien abgefragt. Die Mädchen schauten einander nicht an und wechselten auch kein Wort miteinander. Das Eis aßen sie nebenbei. Nachdem sie damit fertig waren, steckten sie ihre Handys ein, verabschiedeten sich und trennten sich wieder. Ein Szenario aus einem Future-Horror-Film? Leider nein. Es war traurige Realität.

Miteinander spielen, sich freuen, sich streiten, sich wieder vertragen und Geheimnisse teilen, lassen Kinder viel über sich selbst, über andere, über das Wesen sozialer Strukturen und über das Abenteuer des Lebendigseins lernen. Diese elementaren Erfahrungen werden ihnen durch die blutleeren Figuren der Computerspiele und des Fernsehens genommen. Und nicht nur das: zum Teil werden sie durch unheilsame Konzepte und negative Verhaltensvorbilder ersetzt. Den Kindern wird vorgelebt, dass man Konflikte durch Gewalt einfach lösen kann und dass es durchaus legitim ist, einem Kontrahenten das Lebenslicht auszublasen. Sie werden mit einer Art und Weise zwischenmenschlichen Umgangs konfrontiert, die alle Regeln gewaltfreier und psychologisch wertvoller Gesprächs- und Umgangsregeln bricht. Sie erleben, dass Herumbrüllen normal ist und dass derjenige über die anderen triumphiert, der dabei der Lauteste ist. Täglich wird ihnen gezeigt, dass es ebenfalls „normal" ist, anderen ins Wort zu fallen, sie zu interpretieren, zu diskreditieren, zu beleidigen und vieles mehr. Was geschieht, wenn das, was die Kinder durch Fernsehsendungen, die täglich von morgens bis abends über den Bildschirm flimmern und was sie in ihren Computerspielen gelernt haben, auf die Realität, auf Menschen aus Fleisch und Blut trifft? Das kann nicht funktionieren und das tut es auch nicht. Die Mitwelt wird sich heftig dagegen wehren, behandelt zu werden wie die Figuren im Gameboy oder wie ein Tamagotchi – was unvermeidlich einigen zwischenmenschlichen Stress im sozialen Umfeld nach sich ziehen wird.

Als ich meiner Tochter eines Tages versuchte, die reale Welt und das Spielen in freier Natur schmackhafter zu machen und ihr sagte, dass die wahren Abenteuer im wirklichen Leben stattfänden, sagte sie mir, dass das nicht stimme. Wenn sie ihrer Katze sagen würde, dass diese ein bestimmtes Kunststück vollführen solle, täte sie dies einfach nicht – die Katze im Computerspiel hingegen schon. Also sei die Welt da draußen einfach doof. Sollte meine Tochter irgendwann damit beginnen, diese durch Computerspiele erworbene Omnipotenz auf ihre Tiere und Freunde anzuwenden, wird sie böse und verwirrende Überraschungen erleben, die zu einigem Stress in ihrem noch jungen Leben führen werden.

Nach meiner Erfahrung und nach Ansicht führender Wissenschaftler erhöhen Fernsehen, Computerspiele, Gameboy und dergleichen den Stress unserer Kinder auf vielfältige Weise. Je jünger ein Kind ist, desto mehr sollte es davon verschont bleiben. Eltern älterer Kinder empfehle ich, sich bei entsprechenden Beratungsstellen, im Internet und durch spezielle Fachliteratur schlau zu machen und zu lernen, wie Sie mit den „Segnungen" unserer modernen Technik in Bezug auf das Seelen- und Geistesleben Ihrer Kinder am besten umgehen.

47. Kann ich über die Ernährung Einfluss auf den Stress meines Kindes nehmen?

Es gibt in der Humanmedizin etwas, das als „Vitalresistenz" bezeichnet wird. Je höher die Vitalresistenz eines Menschen, desto gesünder ist er, desto stärker sind seine Abwehrkräfte und desto wohler fühlt er sich demzufolge. Die Gesundheit eines Menschen lässt sich durch die Nahrung, die er zu sich nimmt, maßgeblich beeinflussen – immerhin wird das, was wir zu uns nehmen, zu unseren neuen Körperzellen. Da macht es schon einen Unterschied, ob die Grundsubstanz aus fettigen Pommes, Coca Cola und Schokolade oder aus Obst, Gemüse, Hülsenfrüchten und Wasser besteht. Es braucht kein medizinisches Wissen, sondern es reicht bereits der gesunde Menschenverstand, um sich vorzustellen, dass ein gesundes Vitalsystem insgesamt besser mit inneren und äußeren Herausforderungen fertig werden kann. Ein Kind, das sich schlapp, müde, antriebs- und konzentrationslos fühlt, ist Stress gegenüber anfälliger als ein gesundes, starkes Kind. Über die Ernährung können Sie dabei viel bewirken.

Soviel zur grundsätzlichen Situation. Und dann gibt es auch noch Nahrungsmittel und Zubereitungsweisen, die tatsächlich Stress erhöhen, weil sie schwer verdaulich sind und dadurch die Leber, unser Spannungsregulierungsorgan im Körper, belasten. Je mehr die Leber unter Druck gesetzt wird, je höher steigt auch der empfundene psychische Druck. Das gilt nicht nur für Erwachsene, sondern auch für Kinder.

Meine Empfehlung lautet, sich bezüglich „stress-senkender" Ernährung von einem Spezialisten der *Ernährung nach den Fünf Elementen* aus der *Traditionellen Chinesischen Medizin* beraten zu lassen und das tägliche Nahrungsangebot des Kindes dementsprechend anzupassen. Das Besondere an solch einer Beratung ist der fehlende

Dogmatismus. Anders als bei der Ernährungswissenschaft Oecotrophologie beispielsweise werden bestimmte Nahrungsmittel nicht pauschal empfohlen oder abgelehnt. Die Beratung beginnt mit einer ausführlichen Befunderstellung der Grundkonstitution einer Person und ihres derzeitigen körperlichen, geistigen und seelischen Zustandes. Aus der daraus resultierenden Diagnose werden individuelle, maßgeschneiderte Ernähungsempfehlungen ausgesprochen. Ein differenziertes und bewährtes Vorgehen, das nicht ein statisches System, sondern den jeweiligen Menschen in den Mittelpunkt stellt und sich an ihm orientiert.

Familie und Stress
Wenn am heimischen Herd die Fetzen fliegen

48. Wie bringe ich meinen Mann dazu, etwas gegen seinen Stress zu unternehmen?

Diese Frage wird mir hin und wieder von wohlmeinenden Ehefrauen und Partnerinnen gestellt, und mehr als der Inhalt ist es der Hintergrund der Frage, die jeden Therapeuten erschauern lässt. Wir haben hier nämlich folgende Situation: Person 1 meint, Person 2 hätte ein Problem. Ungebetenerweise unternimmt Person 1 eigenständig etwas gegen die von ihr diagnostizierte Sachlage. Geklärt ist hingegen nicht, ob Person 2 ihre Situation überhaupt als Problem betrachtet und ob sie mit dem Engagement von Person 1 in Bezug auf die eigene Person überhaupt einverstanden ist. Oft ist nämlich beides nicht der Fall. Unter Therapeuten spricht man von „Übergriffigkeit", wenn jemand der Meinung ist, bei seinem Partner wäre etwas verbesserungsbedürftig, und dann ungebetenerweise entsprechende Veränderungen eingeleitet werden.

Bedenken Sie, dass Ihre Rolle die einer Partnerin ist und nicht die einer Beraterin oder gar Therapeutin. Dennoch können Sie etwas tun. Reden Sie mit Ihrem Partner und teilen Sie ihm Ihre Beobachtungen mit. Das hört sich einfacher an als es ist, denn es geht wirklich nur darum, exakte *Beobachtungen* zu äußern, die frei sind von Interpretationen und Bewertungen[8]. Zum Beispiel: „Seit Monaten schläfst du unruhig und wälzt dich im Schlaf hin und her. Statt des gemütlichen Glases Wein am Abend hast du in den letzten zwei Wochen jeden Abend eine ganze Flasche getrunken. Und mit den Kindern hast du seit Jannis' Geburtstag kein einziges Mal gespielt." Dieses Beispiel enthält keine Zuweisungen, Aufbauschungen oder Unterstellungen. „In letzter Zeit bist du dauernd gestresst" hingegen stellt eine Interpretation bestimmter Verhaltensweisen dar.

Im Therapeutischen gibt es eine Unterscheidung zwischen einem Berater und einem Coach. Ein Berater ist ein Fachmann auf einem bestimmten Gebiet, der dafür da ist, anderen zu sagen, was sie tun und was sie lassen sollten. Ein Coach hingegen gibt keine Ratschläge. Durch bestimmte Interventionen und eine besondere Art der Gesprächsführung regt er sein Gegenüber an, Erkenntnisse selbst zu erlangen und aus eigener

---

8 Buchtipp zum Thema Gewaltfreie Kommunikation in Beziehungen: *Ich höre was, das du nicht sagst* – von Susann Pásztor & Klaus-Dieter Gens, Junfermann

Kraft Ideen und Strategien zur Lösung seiner Probleme zu finden. Ein Coaching dient der Förderung der Selbstreflexion und der selbstgesteuerten Verbesserung der Wahrnehmung, des Erlebens und des Verhaltens. Sie können sich sicherlich vorstellen, dass dieses Vorgehen einiges Geschick und viel Übung erfordert – Fertigkeiten, die eine besondere Ausbildung erfordern. Somit ergibt sich fast von selbst, dass sich Ihr Partner, nachdem Sie ihm Ihre Beobachtungen mitgeteilt haben, besser einen Stress-Coach suchen sollte – wenn er es will! Gewiss, die Machtposition einer Therapeutin ist verführerisch, aber früher oder später rächt sich solch ein Vorgehen in Beziehungen.

Ihre Unterstützung könnte darin bestehen, eine geduldige und zugewandte Gesprächspartnerin zu sein und seinen möglichen Bitten nach Unterstützung nachzukommen. Vielleicht geben Sie auch der Anregung Ihres Herzensritters nach, mit ihm gemeinsam einen Entspannungskurs oder eine Meditationsgruppe zu besuchen.

Auch wenn meine Antwort auf die oben gestellte Frage die eine oder andere Illusion zerstört hat – das hier dargestellte Vorgehen ist langfristig besser für die Beziehung. Außerdem verspricht sie in Bezug auf eine effektive Stressreduzierung beim Partner mehr Aussicht auf Erfolg.

49. Häufige Streitigkeiten mit meinen pubertierenden Kindern führen zu Stress. Wie kann ich diesen Stress verhindern?

„Wechselt der Hummer den Panzer, dann verliert er zunächst seinen alten Panzer und ist dann so lange, bis ihm ein neuer gewachsen ist, ganz und gar schutzlos. So ungefähr geht es Jugendlichen." Das sagte einst die französische Kinderärztin und Psychoanalytikerin Françoise Dolto (1908–1988).

Sie haben Mitgefühl mit diesem armen Hummer? Das ist gut, denn tatsächlich ist *Mitgefühl* der Schlüssel zur Lösung dieses Stressproblems. Mitgefühl mit Ihrer Tochter oder Ihrem Sohn in dieser Zeit des elementaren Umbruchs. Natürlich auch Mitgefühl mit Ihnen selbst – aber mir geht es hier zunächst einmal um Ihr Kind. Wenn Sie das lesen, taucht womöglich gleich die nächste Frage auf: „Und wie mache ich das?" Mitgefühl im Alltag des 21. Jahrhunderts zu entwickeln ist nicht einfach. Nach meiner Erfahrung ist *Verständnis* ein guter Weg dorthin. Wenn Sie verstehen, was im Kopf und im Gefühlsleben Ihres Filius in dieser Zeit des Umbruchs vor sich geht und was es für ihn bedeutet, dass die Natur so gnadenlos ihr Recht fordert, dann werden Sie entspannter mit dieser Phase umgehen können. Denn, auch wenn Sie es zwischendurch vergessen: es ist eine Phase und sie geht vorbei. Mitgefühl ist eine starke Kraft, die auch mit Liebe verbunden ist, und dort, wo Mitgefühl herrscht, ist kein Platz für Angst, Wut oder Enttäuschung. Machen Sie diese Erfahrung einmal selbst, wenn der Junior Sie wieder einmal provoziert. Besinnen Sie sich in dem Moment, in dem Ihnen der Kamm zu schwellen beginnt, darauf, dass der arme Kerl derzeit wirklich nicht weiß, ob er Männchen oder Weibchen ist, und nehmen Sie wahr, wie verwundbar und irritiert er ist. Sie werden feststellen, dass Ihre Wut schmilzt ... wie Butter in der Sonne.

Damit Sie mehr wissen und dadurch mitfühlender sein können, mache ich mit Ihnen einen übersichtlichen Ausflug in die Welt der Adoleszenz.

Nicht Fisch noch Fleisch

Die Adoleszenz ist eine Auseinandersetzung mit körperlichen Veränderungen und der Einordnung in die Welt der Erwachsenen. Wie tiefgreifend diese Phase ist, zeigt die Tatsache, dass Pubertät und Adoleszenz verschiedentlich auch als „Entwicklungsstörungen" oder als „normale Psychose" bezeichnet werden.

Gefühle und Phantasien beeinflussen stark die Gedanken und überhaupt scheinen die Gefühle alles zu dominieren. Es zeigt sich Unstetigkeit in Prioritäten und Interessen, während eigene Ansichten radikal und dogmatisch vertreten werden. Das intensive emotionale Erleben drückt sich oft durch Misstrauen, Empfindlichkeit, Starrsinn, Widerspruchsgeist, einen leicht zu irritierenden Charakter und Aggressionen aus. „Wir wissen zwar nicht, was wir wollen – aber das mit ganzer Kraft", könnte das Credo einer Haltung sein, die durch mangelnde Selbstbeherrschung und eher durch subjektives als durch objektives Erleben gekennzeichnet ist und in der Reden leichter fällt als Tun. Ein Mensch, der zu fixen Ideen neigt, sich selbst überschätzt, schnell entmutigt ist und kein Durchhaltevermögen hat, kann schon eine echte Herausforderung für andere sein. Dass es sich bei dieser Person um die eigene Nachkommenschaft handelt, macht die Sache nicht einfacher. Der Wunsch, alles schon selber zu können, bei gleichzeitiger Unfähigkeit dazu, führt zu gewissen Schwierigkeiten mit der eigenen Person sowie mit Außenstehenden. Es entstehen Statuskonflikte, wenn junge Heranwachsende Rechte verlangen, die noch nicht ihren Möglichkeiten und Fähigkeiten entsprechen und die nicht mit den Erwartungen ihrer Umwelt übereinstimmen.

Den eigenen Platz in der Welt finden: Zeit des Protestes

Kann man am Rockzipfel der Eltern hängend eine eigenständige Persönlichkeit entwickeln? Wohl kaum. Und kann man die Welt erfahren, wenn man so denkt, fühlt und handelt, wie es die Eltern tun und taten? Auch das ist nicht wahrscheinlich. Um unabhängig und selbstständig zu werden, müssen sich junge Erwachsene von ihren Eltern lösen. Und das tut weh, denn immerhin handelt es sich dabei um ihre wichtigsten Liebesobjekte. Das innere Desaster, das durch diese Zwiespältigkeit entsteht, kann zu einer demonstrativen Anti-Haltung den Eltern gegenüber führen, zu Gleichgültigkeit und deren Herabsetzung. Manchmal wird die Ablehnung der Eltern begleitet von einer verklärten Hinwendung zu „Leitfiguren" wie Schauspielern, Dichtern oder Idolen der Popkultur.

Durch die Zunahme der Urteilsfähigkeit werden das Denken, Fühlen und Handeln der Eltern in Frage gestellt, mögliche Scheinheiligkeiten in der Familie erkannt und gnadenlos angeprangert – und all dies im Lichte einer noch unausgereiften Persönlichkeit. Die Entwicklung eigener moralischer Werte ist nun äußerst bedeutsam. Der Jugendliche will alles besser machen. *Seine* Beziehung wird nicht durch Trennung, Untreue ruiniert und *sein* Berufsleben wird keine konspirativen Verbrüderungen kennen.

Diese demonstrative, provozierende Aufsässigkeit und die Rebellion gegen bestehende Werte und Normen sind tatsächlich als „gesund" einzuschätzen. Wenn die Jugend das „Alte" nicht in Frage stellt, kann sie sich nicht selbst finden. Die Methoden, die sie anwendet, um zu zeigen, dass sie „anders" ist, sind oft schmerzhaft (für alle Beteiligten), aber es gehört offenbar dazu, in dieser Zeit bockiger, rücksichtsloser, grausamer, zerstörerischer, schmutziger oder unmoralischer zu sein. Parallel und gleichzeitig im Gegensatz dazu kommt es immer wieder zu Rückfällen in Hilflosigkeit und Abhängigkeit von den Eltern.

Das alles ist nicht verwunderlich, trifft doch dieser Drang nach Individuation auf ein noch unreifes Ich, das diese Veränderungen nur unzureichend verstandesmäßig und emotional integrieren kann.

Wenn es bei Ihnen ganz hart kommt, dann trösten Sie sich mit der folgenden Regel: Je enger das Verhältnis zwischen Kind und Eltern, desto stürmischer der Trennungskampf. Schauspielerin Bette Davies (1908–1989) sagte einst etwas Tröstliches für alle geplagten Eltern: „Wenn du von deinem Kind niemals gehasst worden bist, bist du niemals wirklich Vater oder Mutter gewesen."

Fest, aber elastisch: Sie sind das Sprungtuch

Wir sprachen bis hierher über die Grundsituation und die Auswirkungen der Adoleszenz, damit Ihnen dieses Wissen hilft, mehr Mitgefühl für Ihr Kind zu empfinden, denn Sie erinnern sich: Ärger und Stress lösen sich durch Mitgefühl auf. – Nun werden wir uns damit beschäftigen, was Sie noch tun können, um den Adoleszenz-Stress auf ein erträgliches Maß zu reduzieren.

Die Ablösung von der Familie geht immer mit Stimmungsschwankungen einher und deshalb sollte die Begleitung des Heranwachsenden mitfühlend und situationselastisch sein. Ihre Rolle ist quasi die eines Trampolins, wobei Ihnen dabei leider die Rolle des Sprungtuches zukommt. Üben Sie sich als wohlwollender Begleiter, legen Sie sich eine gewisse Unempfindlichkeit gegen Attacken zu und verzichten Sie öfter mal auf

Autorität. Logik, Mitgefühl und konstruktive Gespräche „auf Augenhöhe" werden Sie jetzt weiterbringen. Verbote und Strenge sind ein Garant für unnötige Eskalationen. Und wenn es erst einmal so weit gekommen ist, wird es schwierig, die Karre wieder aus dem Dreck zu ziehen, ohne dass einer der Beteiligten dabei sein Gesicht verliert. Verpulvern Sie Ihre Autorität für Nebensächlichkeiten, haben Sie bei wirklichen Problemen wie Schulversagen oder ersten Erfahrungen mit Drogen keinen Respekt mehr von dem Jugendlichen zu erwarten.

Behalten Sie im Fokus, stets eine „Arbeitsbasis" zu erhalten und sich genau zu überlegen, ob Sie jeden Kampf wirklich gewinnen müssen. Versuchen Sie im Umgang mit Ihrem Kind die Balance zu halten, also von ihm einerseits nicht zu viel erwachsenes Verhalten zu erwarten, es aber andererseits auch nicht mehr als Kind zu behandeln, während es sich schon halb oder ganz erwachsen fühlt.

Tipps für eine stressfreie Adoleszenzphase

⋯⋗ Seien Sie eine unterstützende, stabile und verlässliche Bezugsperson.

⋯⋗ Nehmen Sie Streit und Machtverlust nicht persönlich.

⋯⋗ Lassen Sie Konflikte und Streit nicht eskalieren und werden Sie keinesfalls handgreiflich – lieber eine Auszeit nehmen.

⋯⋗ Geben Sie klare Regeln vor, die jedoch mit fortschreitender Entwicklung nach Diskussion verändert werden können.

⋯⋗ Machen Sie das Gewähren von Freiräumen nicht nur vom chronologischen Alter Ihres Kindes abhängig.

⋯⋗ Hören Sie zu! Zeigen Sie Interesse an den Themen des Jugendlichen.

⋯⋗ Nehmen Sie Sorgen und Probleme des Kindes ernst.

⋯⋗ Helfen Sie dem Youngster, sich selbst zu verstehen, und leiten Sie ihn zu selbstständigem Denken an.

⋯⋗ Definieren Sie mit dem Jugendlichen die Begriffe Freiheit, Werte, Liebe, Sexualität und Normen neu.

⋯⋗ Stärken Sie Selbstwertgefühl und Selbstbewusstsein durch positive Rückmeldungen.

⋯⋗ Reiten Sie nicht nur auf Fehlern, Problemen und Defiziten herum, sondern identifizieren Sie die Stärken Ihres Kindes und fördern Sie diese.

⋯⋗ Bauen Sie eine gleichberechtigte Kommunikation auf, indem Sie Konflikte in längeren Diskursen gemeinsam bewältigen, und geben Sie schrittweise mehr Macht an den Jugendlichen ab.

⋯⋗ Fördern Sie die Interessen und Aktivitäten Ihres Kindes. Unterstützen Sie es beim Erreichen seiner Ziele.

⋯⋗ Helfen Sie Ihrem Kind, durch Lob und Selbsteinbringung die Faulheit zu überwinden.

---> Lassen Sie sich von Ihrem Kind etwas über die Freunde erzählen – unterstützen Sie die Beziehungen zu Gleichaltrigen. Laden Sie diese nach Hause ein und sehen Sie sie nicht (nur) als Quelle negativer Einflüsse.

---> Suchen Sie bei massiven Problemen professionelle Hilfe.

50. Ich fühle mich gestresst durch die Anforderungen meiner Familie. Kann man das mit Meditation beseitigen?

Die eigene Familie sowie die Ursprungsfamilie sind für viele Menschen mit Schwierigkeiten verbunden. Oft liegen die Ursachen dafür in der Kindheit. Ich rede hier nicht von „Schuldfragen", sondern von Situationen, die einst als schmerzhaft erlebt wurden. Da ein junger Mensch noch nicht in der Lage ist, jedes Ereignis situationsgerecht zu verarbeiten, verdrängt er das, was er nicht einordnen kann, in die Tiefen seiner Psyche. So trägt jeder von uns verdrängtes Unverarbeitetes mit sich herum und manchmal veranlassen uns diese, ihr Dasein im Schattenreich unseres Unterbewusstseins fristenden Inhalte zu Verhaltensweisen, Reaktionen und Sichtweisen, die unserem gesunden Menschenverstand selbst fremd sind. Ich nehme es sehr ernst, wenn mir jemand sagt, dass er durch die Anforderungen seiner Familie überfordert ist. In den Beratungsgesprächen wird meist schnell deutlich, dass es sich um Sachverhalte handelt, die mit Meditation nicht „beseitigt" werden können, sondern die eher einer Psychotherapie bedürfen. Auch wenn es Gemeinsamkeiten und Überschneidungen gibt: Meditation und Psychotherapie zielen auf ganz unterschiedliche Ebenen der Psyche ab.

Der Wissenschaftsphilosoph Ken Wilber wurde einmal gefragt, ob man mit Zen-Meditation psychische Probleme überwinden könne. Er antwortete darauf, dass Zen eine derangierte Psyche ebenso wenig heilen könne wie einen gebrochenen Knochen, und dafür wäre es auch nicht da. Er ergänzte, dass die Meditation ihm dabei geholfen habe, mit seinen Neurosen gut zu leben – losgeworden sei er sie dadurch jedoch nicht.

Manche Menschen hoffen im Stillen, sich mit Meditation vor der erforderlichen Persönlichkeitsarbeit drücken zu können, aber die Psyche lässt sich von solch einem plumpen Manöver nicht überlisten.

Eine Psychotherapie sollte nicht mit „psychischer Krankheit" oder „Macke" assoziiert, sondern als spannender Erkenntnisprozess der Selbstentdeckung verstanden werden. – Selbstverständlich kann Meditation solch einen Prozess unterstützen. Bereits die zeitweilige Ruhe in Körper und Geist wird sich als wohltuend erweisen. Ihren besonderen Wert jedoch haben meditative Übungen durch das Entwickeln von Achtsamkeit. Achtsamkeit verbessert die Wahrnehmung von dem, was in uns selbst, in anderen und um uns herum passiert – und das wiederum fördert selbstbestimmteres, situationsgerechteres Handeln.

Der Stress-Coach
Ein Scout im Stress-Dschungel

51. Kommt es nicht einem „inneren Offenbarungseid" gleich, wenn ich mir einen Stress-Coach suche?

Wenn Sie von sich selbst das Bild eines omnipotenten Weltenzertrümmerers haben, schon. Wenn Sie sich hingegen als normalen Menschen sehen, der sich in einer Phase massiver Überlastung Unterstützung holt, zeugt dieser Schritt eher von Intelligenz, Vernunft und Weitsicht.

52. Woran erkenne ich einen guten Stress-Coach?[9]

Die Frage ist nicht ganz einfach zu beantworten, denn offiziell anerkannte Richtlinien für die Qualifikation von Stress-Coaches gibt es nicht. Die folgenden Kriterien geben Ihnen jedoch eine gewisse Orientierung.

Gute Ausbildung

Ein Stress-Coach sollte eine gute Ausbildung in einem renommierten Institut gemacht haben. Andererseits ist eine gute Ausbildung für sich genommen nicht zwangsweise eine Garantie dafür, dass jemand einen guten Job macht. Auch das Umgekehrte kann passieren: Jemand hat keine Spezial-Ausbildung gemacht, ist aber ein guter Autodidakt und ein hervorragender Coach.

Da ein Hilfesuchender jedoch irgendetwas braucht, an dem er sich orientieren kann und das ihm Sicherheit bietet, ist eine solide Ausbildung bei einem anerkannten Institut zunächst einmal ein äußeres, sichtbares Qualitätsmerkmal. Zumindest hat der Coach damit bewiesen, dass er die Sache nicht auf die leichte Schulter nimmt, denn er hat weder Kosten noch Mühen gescheut, um sich für dieses spezielle Beratungsfeld zu qualifizieren.

---

9 Ich verwende die Begriffe Stress-Coach, Coach, Berater und Therapeut im Folgenden synonym – ein Stress-Coach ist nämlich von allem etwas. Grundsätzlich ist seine Rolle als die eines Begleiters zu verstehen, der mit seinem Klienten gemeinsam daran arbeitet, dessen Eigenkräfte zu fördern und zu stärken, und der ihn dazu anregt, selbst zu einer Lösung seiner Probleme zu kommen. Der Stress-Coach ist Spezialist für einen bestimmten Fachbereich, deshalb hat er parallel dazu auch eine beratende Funktion.

Gewichtung der Tätigkeit

Ein weiteres Qualitätsmerkmal ist die Gewichtung, mit welcher der Stress-Coach seine Tätigkeit ausübt. Man kann davon ausgehen, dass jemand, der hauptberuflich im Fachbereich von Stressbewältigung, Entspannungsverfahren und Meditation arbeitet, über viel mehr Praxiserfahrung verfügt als jemand, der diese Tätigkeit als Zusatzangebot zu einem anderen hauptsächlichen Berufsfeld betreibt.

Strategisch durch den Stress

Informieren Sie sich vorab, ob der Coach nach einer bestimmten Methode, Strategie oder sonst wie gearteten systematischen Vorgehensweise arbeitet. Das sollte er auf jeden Fall, denn unzielgerichtetes Agieren in der Stressbewältigung endet meist im Nirwana. – Ein besonders bewährtes Verfahren ist die *Stressbewältigung durch Achtsamkeit* (MBSR = Mindfulness Based Stress Reduction), das jedoch auch die Themen Bewegung und Ernährung beinhalten sollte.

Time is Money

Erkundigen Sie sich vorab über den zeitlichen Umfang des Coachings und darüber, was es kostet. Ein unseriöser Berater wird unklar und ausweichend sein, wenn es um die Rahmenbedingungen geht, während ein guter Coach mit einem Grundkonzept Ihnen präzise Angaben zu Zeit und Geld machen kann. Ich persönlich stecke die Bedingungen gleich von Anfang an klar und transparent ab – das bedeutet, Beginn und Ende des speziellen Stressbewältigungscoachings werden klar definiert, ebenso die Kosten und die Zahlungsbedingungen. Natürlich steht es meinen Klienten frei, Leistungen wie zusätzliche Gesprächstermine in Anspruch zu nehmen oder sich über den vereinbarten Zeitraum hinaus coachen zu lassen. Dafür werden dann aber besondere Konditionen vereinbart.

Webpräsenz – die Visitenkarte des Coaches

Eine Website gilt als erste Arbeit für neue Kunden. Schauen Sie sich auf jeden Fall die Webpräsenz des Coaches an, für den Sie sich interessieren. Aufmachung und Inhalte werden Ihnen weiteren Aufschluss darüber geben, mit wem Sie es zu tun haben.

Kompetenz im Coaching

Bis jetzt haben wir darüber geredet, was Sie beachten sollten, wenn Sie einen Stress-Coach *suchen*. Nun werden wir darüber reden, worauf Sie achten sollten, wenn Sie einen *gefunden* haben, beziehungsweise darauf, wie das Coaching als solches verläuft. Spätestens zu diesem Zeitpunkt schlägt nämlich endgültig die Stunde der Wahrheit, denn nun kommt es darauf an, wie Sie das Coaching erleben und wie Sie diese Erlebnisse bewerten können. In einer meiner Therapeutenausbildungen lernte ich: „Sie werden deine Worte vergessen, aber sie werden nie vergessen, wie sie sich in deiner Ge-

genwart gefühlt haben." Und genau darauf kommt es für Sie an: wie Sie sich im Coaching fühlen. Die Fachkompetenz eines Beraters als solches können Sie schlecht beurteilen, die Resultate, die sich in Ihren Gefühlen niederschlagen, hingegen schon. Bevor ich mehr dazu sage, möchte ich bezüglich der folgenden Ausführungen noch einen Warnhinweis anbringen: Bewertungen und Gefühle sind etwas Subjektives. Normalerweise sollten Sie sich in einer therapeutischen Sitzung, gleich welcher Art, nicht angegriffen oder diskreditiert fühlen. Dennoch: Obgleich sich ein Berater fachlich kompetent verhält, kann es vorkommen, dass Sie zwischendurch einmal das Gefühl haben, als hätte er Ihnen einen Nerv angebohrt. Das meine ich mit subjektiv: Sie fühlen sich verletzt, obwohl der Coach einen korrekten Job gemacht hat und ihm demzufolge nichts anzulasten ist.

Andererseits kann es vorkommen, dass ein Berater (der letzten Endes auch „nur" ein Mensch ist) seine eigenen psychischen Probleme unbewusst auf den Klienten projiziert. Um so etwas transparent zu machen und künftig möglichst zu vermeiden, unterziehen sich gute Therapeuten regelmäßig der *Supervision*. Die supervisorischen Sitzungen unterstützen sie darin, problematische Situationen auseinanderzudribbeln und ihre eigenen Anteile daran zu identifizieren.

Für Sie ist es ungleich schwerer herauszufinden, wer den schwarzen Peter hat, wenn Ihnen unwohl in der Beratung ist. Dieses Problem kann ich leider nicht für Sie lösen, aber im Folgenden gebe ich Ihnen einige Anhaltspunkte, sodass Sie nicht ganz unbedarft in eine Beratungssituation gehen. Und da ich aus Gewohnheit meist in der männlichen Form schreibe, verfasse ich diese Kriterien zur Abwechslung mal in der weiblichen.

Ein guter Stress-Coach

... hört zu

Es gibt einen feinen, aber bedeutungsvollen Unterschied zwischen Hinhören und Zuhören. Wirklich zuhören kann nur jemand, der ein echtes Interesse an einer Person und ihren Belangen hat. Ob Ihnen wirklich zugehört wird, erkennen Sie an der Körpersprache Ihres Gegenübers und daran, dass sich die Beraterin bemüht, sich in Sie hineinzuversetzen. Sie gibt zum Beispiel wesentliche Aussagen von Ihnen in eigenen Worten fragend wieder und lässt Raum, korrigiert zu werden, wenn sie etwas falsch verstanden hat.

Zum Zuhören gehört selbstverständlich auch, dass Sie genügend Raum haben alles auszusprechen, was Ihnen wichtig ist, und dass Sie dabei nicht andauernd unterbrochen werden.

... lässt sich ein

Ein guter Coach versteckt sich nicht hinter einer distanzierten Maske von Professionalität, sondern er bringt sich als Mensch selbst in das Geschehen ein. Im besten Fall balanciert er gekonnt zwischen therapeutischer Professionalität und persönlichem Sich-Einlassen, sodass das Coaching zu einer wechselseitigen partnerschaftlichen Interaktion wird. Auf diese Weise haben Sie das Gefühl, ein Coaching „auf Augenhöhe" zu führen.

... akzeptiert und respektiert die Klientin

Es ist ein tief verwurzeltes menschliches Bedürfnis, akzeptiert und respektiert zu werden – und zwar bedingungslos. Drückt der Coach verbal oder nonverbal Missbilligung oder gar Abneigung aus, wird dieses Verhalten eine konstruktive Zusammenarbeit vereiteln. Eine Beraterin muss nicht allem zustimmen, was ihre Klientin denkt und tut, und sie darf durchaus anderer Meinung sein – jedoch muss die Klientin spüren, dass das die Beziehung nicht beeinträchtigt.

... bagatellisiert nicht

Man kann sich reichlich erniedrigt und missverstanden vorkommen, wenn man ein Problem hat und das eigene Leiden im Sinne von „Das würde ich jetzt nicht überbewerten" heruntergespielt und nicht ernst genommen wird. Bagatellisierungen können einem Klienten die Lust nehmen, sich mit seinem Problem weiter auseinanderzusetzen. Gelöst ist es dadurch allerdings nicht.

... diagnostiziert und interpretiert nicht

Diagnosen und Interpretationen sind eine Unart und kommen vor allem dort häufig vor, wo sie eigentlich gar nicht vorkommen sollten: in Coachings und Beratungen. Sich damit zurückzuhalten ist für einen Therapeuten manchmal schwierig. Das weiß ich aus eigener Erfahrung. Fast automatisch bilden sich beim Zuhören Assoziationen und Abgleiche mit erlerntem Fachwissen und bisherigen Erfahrungen. Eine Beraterin muss sich gut im Griff haben, um bestimmte Dinge nicht zu äußern, die ihr durch den Kopf gehen, damit sie die Zusammenarbeit nicht gefährdet. Ansonsten könnten Sachverhalte in die Situation der Klientin hineininterpretiert werden, die nicht den Tatsachen entsprechen. Es ist unangenehm, wenn man das Gefühl hat, dass jemand einen in eine bestimmte Schublade stecken will. Niemand möchte so etwas in einem Stress-Coaching erleben.

... moralisiert nicht

Wie peinlich, wenn man in einem Coaching vertrauensvoll etwas Unrühmliches zu seinem Verhalten preisgibt und zur Antwort erhält: „Also, das hätte ich jetzt wirklich nicht von Ihnen gedacht. Sie sind doch kein kleines Kind mehr." Ein guter Stress-Coach wird Sie nicht mit negativen Werturteilen abkanzeln und maßregeln.

53. Bezahlt die Krankenkasse ein Stress-Coaching?

Das ist sehr unterschiedlich. Generell kann man sagen: die gesetzlichen nicht, die privaten ja. Aber auch dort scheint es Unterschiede zu geben und seit die permanente, hektische Umstrukturierung des Gesundheitssystems begonnen hat, ist, was Kostenübernahmen anbelangt, nichts so alt wie die Information von gestern.

Am besten Sie erkundigen sich zunächst einmal bei Ihrer Krankenkasse, bevor Sie ein Stress-Coaching beginnen. Wenn es grünes Licht gibt, bezahlt man normalerweise sein Coaching zunächst selbst. Hinterher erhält man eine Bescheinigung über die regelmäßige Teilnahme und bekommt dann das Geld von der Kasse erstattet.

Machen Sie sich jedoch nicht von einer Kostenübernahme der Krankenkasse abhängig. Gesundheit ist im wahrsten Sinne des Wortes eine lebenswichtige Angelegenheit, für die Sie in erster Linie selbst Sorge tragen sollten. Je früher wir uns daran gewöhnen, dass es in Sachen Krankenversicherung immer höhere Beiträge bei immer reduzierteren Leistungen gibt, desto weniger müssen wir uns ärgern. Kriegen Sie etwas dazu, ist das fein – aber wenn nicht, dann schlachten Sie das Sparschwein. Denn wie heißt es so schön: Gesundheit ist nicht alles, aber ohne Gesundheit ist alles nichts.

54. Was geschieht bei einem Stress-Coaching?

Das hängt ganz davon ab, was der jeweilige Stress-Coach zu bieten hat, denn es gibt verschiedene Ansätze in der Stressbewältigung. Grundsätzlich sollte ein Stress-Coaching ein Mix sein, der aus Selbstreflexion, Analyse, Methoden, Strategien und Sichtweisen- und Verhaltensänderungen besteht. Es gibt keine verbindlichen Aussagen darüber, was in solch einem speziellen Coaching enthalten sein sollte.

Im Deutschen Fachzentrum für Stressbewältigung (DFME) haben wir im Laufe der Jahre eine Vorgehensweise mit Inhalten entwickelt, die sich gut bewährt. Sie basiert auf der schon erwähnten Strategie der Stressbewältigung durch Achtsamkeit (MBSR):
- Vermittlung von Grundwissen über Stress und Stressbewältigung;
- eine Analyse der Grundsituation und der Stressoren (Auseinandersetzung mit dem Verhalten, den Angewohnheiten und Sichtweisen, die zu Stress führen);
- Strategien zu verschiedenen Verhaltensänderungen;
- systematischer Übungsplan zum Erlernen einer Entspannungsmethode;
- Erlernen der formellen Achtsamkeitsmeditation (Stilles Sitzen);
- systematische Anleitung zum Entwickeln von Achtsamkeit im Alltag;
- Auseinandersetzung mit den Themen Zeitmanagement, gesunde Ernährung und Bewegung;
- regelmäßige Reflexionen der Übungserfolge und Veränderungen.

Literatur- und CD-Empfehlungen

Aiivanhov, M.: *Yoga der Ernährung.* Prosveta Verlag. 1984.

Adams, St.: *Neue Fantasiereisen. Entspannende Übungen für Jugendarbeit und Erwachsenenbildung.* Don Bosco. 2009.

Brantley, J.: *Der Angst den Schrecken nehmen.* Arbor. 2006.

Brunner, R.: *Hörst du die Stille. Meditative Übungen mit Kindern.* Kösel. 1991.

Chödrön, P.: *Geh an die Orte, die du fürchtest.* Arbor. 2007.

Csikszentmihalyi, M.: *Flow – Das Geheimnis des Glücks.* Klett-Cotta. 1992.

Hüther, G.: *Bedienungsanleitung für ein menschliches Gehirn.* Vandenhoeck & Ruprecht. 2005.

Kabat-Zinn, J.: *Gesund durch Meditation.* Fischer. 2007.

Kabat-Zinn, J.: *Zur Besinnung kommen.* Arbor. 2008.

Kabat-Zinn, M.: *Mit Kindern wachsen: Die Praxis der Achtsamkeit in der Familie.* Arbor. 2006.

Kirch, D.: *Handbuch Stressbewältigung.* Mankau. 2009.

Kirch, D.: *Anti-Stress-Box. Fünf CDs zum Meditieren und Entspannen.* Mankau. 2010.

Kornfield, J.: *Frag den Buddha und geh den Weg des Herzens.* Kösel. 1995.

Rosenberg, M.B.: *Gewaltfreie Kommunikation – Eine Sprache des Lebens.* Junfermann. 2002.

Suzuki, Sh.: *Zen-Geist – Anfänger-Geist.* Theseus. 1993.

Spitzer, M.: *Vorsicht Bildschirm! Elektronische Medien, Gehirnentwicklung, Gesundheit und Gesellschaft.* dtv. 2006.

Temelie, B.: *Ernährung nach den Fünf Elementen.* Joy Verlag. 1993.

Thich Nhat Hanh. *Das Wunder der Achtsamkeit.* Theseus. 1988.

Thich Nhat Hanh. *Die Kunst des glücklichen Lebens.* Theseus. 2001.

Wilber, K.: *Integrale Psychologie.* Arbor. 2001.

Über die Autorin

Doris Kirch

Jahrgang 1961, ist Zen-Schülerin seit 1985.
Sie ist Vorsitzende der *Deutschen Gesellschaft für Meditationskultur e.V.* (DGMK), Leiterin des *Deutschen Fachzentrums für Stressbewältigung* (DFME), Stress-Coach, Meditationslehrerin, Fachreferentin, Dozentin und Autorin mehrerer Fachbücher zum Thema Stressbewältigung und Meditation.

Kontakt:

Deutsches Fachzentrum
für Stressbewältigung (DFME)
Tegelkamp 28
D-26131 Oldenburg

www.der-stresscoach.de
www.dfme.de
www.stressbewaeltigungs-und-entspannungstherapie.de

···❯ Kurse und Seminare
···❯ Ausbildung von Fachpersonal für die Stressbewältigungs- und Entspannungstherapie
···❯ Betriebliche Gesundheitsförderung für Unternehmen
···❯ Coaching und Beratung

mankau

Bücher, die den Horizont erweitern

WEITERE BÜCHER VON DORIS KIRCH:

Mit Übungs-CD!

Handbuch Stressbewältigung

Lernen Sie in fünf Schritten, den Tiger zu zähmen

19,95 € (D)

ISBN 978-3-938396-34-6

Die Autorin lehrt erfolgreiche Methoden der Stressbewältigung. Der einzigartige Ratgeber ist die Essenz aus ihrer langjährigen Arbeit – ein sicherer roter Faden auf dem Weg zu einem gelasseneren Lebens- und Berufsalltag.

Ein freches Geschenkbuch mit feinem Humor!

12 Goldene Regeln für Stress-Junkies

Steigern Sie Ihren täglichen Adrenalin-Kick!

Ein Anti-Ratgeber

9,95 € (D)   Ab Juni 2010 im Handel!

ISBN 978-3-938396-43-8

Alle reden von Entspannung – aber ist das wirklich Ihr Ding? Mit einem Augenzwinkern präsentiert Doris Kirch in ihrem *Anti-Ratgeber* ihre „12 Goldenen Regeln für Stress-Junkies".

---

www.mankau-verlag.de

Chronische Schmerzen lindern

CLAIR & AMBER DAVIES
Arbeitsbuch
Triggerpunkt-Therapie

Mit einem Vorwort von David G. Simons

Die bewährte Methode zur
Linderung von Muskelschmerzen

Originaltitel: »The Trigger Point Therapy Workbook«

368 Seiten, kartoniert • € (D) 29,90 • ISBN 978-3-87387-677-4

CLAIR & AMBER DAVIES

»Arbeitsbuch Triggerpunkt-Therapie«

Auf Schmerzbehandlung spezialisierte Ärzte sehen die Ursache von etwa 75 Prozent aller chronischen Schmerzen in Triggerpunkten, kleinen Kontraktionsknoten in den Muskeln. Diese sind recht schwer zu lokalisieren und zu behandeln – wenn man nicht weiß, wonach man Ausschau halten muss.

Hier setzt dieses Arbeitsbuch an, indem es in klaren Illustrationen gut erkennbar zeigt, wo am Körper Triggerpunkte entstehen und in welchen Bereichen die damit verbundenen Schmerzen jeweils auftreten. Schritt für Schritt wird erklärt, wie sich diese Ursachen chronischer Schmerzen mithilfe äußerst wirksamer Massagetechniken behandeln lassen.

Clair Davies beschäftigte sich nach erfolgreicher Selbstbehandlung seiner Schultersteife intensiv mit Triggerpunkten. So wurde er Massagetherapeut und lehrte gemeinsam mit seiner Tochter Amber die Triggerpunktmassage. **Amber Davies** ist Massagetherapeutin. Nach dem Tod ihres Vaters führt sie dessen Arbeit fort.

Verlag

Junfermann

Sich wieder wohl fühlen

416 Seiten • kartoniert • € (D) 29,80 • ISBN 978-3-87387-628-6
REIHE AKTIVE LEBENSGESTALTUNG

DAVID D. BURNS

»Feeling Good – Depressionen überwinden, Selbstachtung gewinnen«

Basierend auf der kognitiven Verhaltenstherapie beschreibt David Burns hochwirksame Methoden zur Veränderung depressiver Stimmungen und zur Verringerung von Angst. Eine Schritt-für-Schritt-Anleitung zur Selbsthilfe.

Weltweit mehr als drei Millionen verkaufte Exemplare!

»Es freut mich sehr, dass David Burns der Öffentlichkeit eine Methode zur Veränderung von Gefühlszuständen verständlich macht, die von den Fachleuten mit großem Interesse und sogar Begeisterung aufgenommen worden ist.« – Aaron T. Beck

»Ein Buch, das man lesen und noch einmal lesen sollte!« – Los Angeles Times

David D. Burns ist klinischer Psychiater und als Professor für Psychiatrie und Verhaltenswissenschaften an der Stanford University School of Medicine tätig.

Das komplette Junfermann-Angebot rund um die Uhr – Schauen Sie rein!

Sie möchten mehr zu unseren aktuellen Titeln & Themen erfahren? Unsere Zeitschriften kennenlernen? Veranstaltungs- und Seminartermine nachlesen? In aktuellen Recherchen blättern?

Besuchen Sie uns im Internet!

www.junfermann.de